피얼러스
Fearless

피얼러스
Fearless

초판 1쇄 인쇄일_2014년 2월 03일
초판 1쇄 발행일_2014년 2월 10일

지은이_고환택
펴낸이_최길주

펴낸곳_도서출판 BG북갤러리
등록일자_2003년 11월 5일(제318-2003-00130호)
주소_서울시 영등포구 국회대로 72길 6 아크로폴리스 406호
전화_02)761-7005(代) | 팩스_02)761-7995
홈페이지_http://www.bookgallery.co.kr
E-mail_cgjpower@hanmail.net

ISBN 978-89-6495-065-4 03320

이 도서의 국립중앙도서관 출판시도서목록(CIP)은 e-CIP홈페이지
(http://www.nl.go.kr/ecip)와 국가자료공동목록시스템(http://www.nl.go.kr/kolisnet)에서 이용
하실 수 있습니다.(CIP제어번호 : CIP2014001785)

세상에 걸리지 말아야 할 병은 '두려움(Fear)'이라는 병(病)이다.

피얼러스
Fearless

고환택 지음

북갤러리

피얼러스(Fearless)

'두려움(Fear)은 신(神)의 선물이다.'

'두려움'이라는 선물 포장지를 과감히 뜯을 것인가?

안 그러면 서랍 속에 넣어두고 보기만 할 것인가?

그것은 전적으로 본인의 마음이다.

인간은 두 번 운다.

한 번은 태어나면서 세상이라는 낯선 환경에 두려워 울고, 또 한 번은 죽으면서 사후세계(死後世界)에 대한 두려움으로 운다. 도대체 두려움이란 어떤 존재일까?

묘하게도 인생은 나를 울린 두려움과 싸우다가 가는 것 같다.

필자는 두려움을 성공으로 가는 다리(Bridge)라고 생각했다.

살면서 그저 두려움과 친하게 지내고 싶었다. 또한 이왕지사 내가 건너야 할 다리라면 기쁘게 건너려는 생각을 했다.

두려움의 다리를 건너지 않고 성공을 한다는 것은 운(運)밖에 없다고 생각을 했다.

"항상 갈망하라. 우직하게(Stay Hungry, Stay Foolish.)"

– 스티브 잡스(Steve Jobs)

운(運)을 좇을 것인가? 아니면 당당히 두려움과 맞설 것인가?

필자는 선택의 길목에서 늘 두려움 없이 보부도 당당하게 내가 그리는 성공만을 갈망하며 우직하게 걷는 것을 즐겼다.

인생 신나게, 폼 나게……

'희망, 성공의 이야기가 결코 남의 이야기가 아니더라'라는 사실을 알기까지 무려 30년의 세월이 흘렀다.

'인생 성공의 1차 면접은 두려움을 벗는 것이다.'

'피얼러스'(Fearless ; 두려움 없는, 두려움을 모르는)라는 단어 하나를 내 인생 곁에 두고 대입, 취업, 창업, 재기, 결혼, 출산, 노후 등 수많은 현안들과 단계별 상향식 두려움과 싸워야 한다.

이미 글러브를 끼고 사각의 링에 들어선 복서의 심정으로 두려움과 당당하게 맞서 싸우는 성공 인생이 많았으면 좋겠다.

두려움과 친해져라.

실패할 두려움 없이 세상에서 이룬 성공은 아무것도 없다.

두려움과 친해져라.

두려움은 약자에겐 한없이 강하지만 강자 앞에선 스스로 길을 비키는 비겁한 존재다.

두려움과 친해져라.

두려움이 없는 세상은 설렘도 없고 살만한 가치도 없는 척박한 세상이려니…….

머리말

어릴 적 빈농의 자식으로 태어나 찢어지게 가난했던 환경을 일찍이 경험했습니다. 부모님은 하루 삼시 세 끼를 걱정해야 했고, 일이 없던 겨울철에는 고지(일을 해주기로 하고 미리 받아쓰는 삯)를 먹으며 근근이 살아왔던 기억이 아직도 생생합니다.

동네 어귀에서 신나게 놀다가 뉘엿뉘엿 해가 질 때면 허기진 배를 채우기 위해 무 뿌리를 통째 뽑아 먹으며 집으로 향했던 시절이 생각납니다. 당시 부잣집 아이들은 집에 들어가면 흰쌀밥이 기다리고 있었지만 필자에게는 멀건 죽이 기다리고 있던 시절. 그나마 그 멀건 죽이라도 마음껏 먹었으면 하던 게 소원이었으니까요.

'배를 굶주려 본 사람만이 배고픔의 설움을 안다'라고 쫄쫄 굶은 배를 움켜쥐고 터벅터벅 집으로 향할 때 길가의 '질경이(양지바른 길가나 들에서 흔히 자라며 사람이나 차가 다니는 길가에서도 끈질기게 살아남는 질긴 잡초)'는 나의 친구가 되었습니다. 질경이는 야생초로서 햇볕을 좋아하는 밝은 성격이며, 생명력이 강합니다. 마차가 지나가고, 자동차가 지나가도 생명력은 결코 주눅 들지 않고 살아가는 야생초이기에 사랑스러웠나 봅니다.

'너 스스로의 몸짓으로 세상을 향해 소리쳐라.' 그때부터 질경이를 닮은 필자의 삶이 시작되었습니다. 비록 질경이처럼 가난한 집안에서 외롭게 자라지만 필자는 외롭기에 세상을 향해 더 큰소리로 외쳐대고 싶었는지 모릅니다. 어느 누가 짓밟을지 모르는 길섶에서 자라기에 항상 죽지 않으려 몸부림치는 질경이처럼 '세상살이 항상 살아 깨어 있어야지……' 하는 생각을 일찍부터 했던 것 같습니다.

항상 깨어있는 마음으로 여태껏 흐트러지지 않고 살아왔지만, 오늘 우리가 살아가는 현실은 '성난 경쟁의 바다에 놓인 한 척의 돛단배를 연상케 한다'는 생각입니다. 원하는 물고기는 잡히지 않고 점차 육지로부터 멀어지는 두려움 속에 노를 젓는 어부의 모습이라 할까요. 하지만 세상이라는 바다는 어찌 보면 두렵고 무서운 존재로 보일지 몰라도 알고 보면 세상은 부모 마음처럼 참으로 따뜻한 존재라는 것을 이 책을 통해 말해주고 싶었습니다.

인간사 '실패는 성공의 예방주사다.' 이 책은 오늘도 사회에 나오는 젊은이들이 가질지 모르는 두려움과 한판을 준비한 책입니다. 배고픈 아이가 부잣집 아이에게 지지 않으려는 마음처럼, 늘 자신감을 가질 것, 질경이처럼 실패를 두려워 말 것, 어떠한 경우든 희망을 버리지 말

것을 주문하는 책입니다.

지난 40년의 세월 동안 참으로 많은 것이 변했습니다. 어릴 적에는 밥도 못 먹고 빌빌거리던 소년이 공고(공업고등학교)를 나와 대학, 대학원을 거쳐 박사학위를 취득하고 교수가 되었습니다. 가난뱅이 소년이 가슴에 품었던 꿈이 현실이 되어 이제는 중소기업을 경영하는 CEO가 되었습니다. '질경이 = 차전초(車前草)'라는 닉네임을 가지고, 세상의 두려움과 싸웠던 필자가 지금은 두 아이의 아빠로서 행복한 웃음을 짓고 있습니다.

'자식을 키워봐야 부모 마음을 안다'는 이야기가 있습니다. 어느덧 자식이 불쑥 성장한 모습을 보니 부모님이 그립습니다. 어릴 적 남에게 지거나, 우는 모습을 보면 벼락같이 화를 내시던 하늘에 계신 부모님께 감사를 드립니다. 아울러 오늘의 필자가 있기까지 많은 관심과 도움을 주신 분들께 감사드립니다. 그동안 아비 노릇, 남편 노릇 잘 못했는데 잘 커준 훈이, 광이 두 아들 그리고 헌신적인 내조를 해준 아내에게 감사의 마음과 함께 사랑한다는 말을 꼭 전하고 싶습니다.

2014년 정월 초하루
송도 센트럴파크에서 일출에 희망을 쏘아 올리며……
고환택

차례

Part 1. 젊은 청춘들에게
– 아비 같은 마음으로

Part 2. 우리 모두에게
– 친구, 동료, 선배 같은 마음으로

Part 3. 나 자신에게
– 가혹할 정도로 냉정한 마음으로

Part 4. 짧지만 임팩트 있는 말, 말, 말…

젊은 청춘들에게
– 아비 같은 마음으로

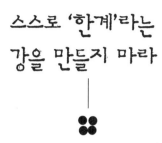

스스로 '한계'라는 강을 만들지 마라

자신 스스로 '한계'라는 강을 만들지 마라.

자기 스스로 내 인생의 리밋(Limit)을 설정한다는 것은 참으로 바보 같은 생각이다.

자신의 미래는 아무도 모른다.

해보지도 않고 한계를 긋는다는 것은 죄가 된다.

하기 싫은 일이라도, 자기가 생각하기에 한심한 일처럼 보일지라도 꾹 한 번 참고 열정을 쏟아 부어라.

사람은 누구나 가능성의 세포를 가지고 있다.

앉아서 세포 죽이지 마라.

게으른 생각으로 미래를 예단하지 마라.

인간은 누구나 한계를 인정하는 순간 패배자가 되는 법이다.

인생 무엇 하나 쉽게 주는 것이 없다.

그러나 열심히 하다 보니 내가 생각했던 것보다 훨씬 더 많이 주는 게 인생이더라.

청춘아!
짜증나도 기쁘게 받아라

청춘아! 짜증나도 기쁘게 받아라.

너를 향한 기대와 바람이 크기에……

너를 믿기에……

너는 가능하기에 그만큼 강한 프레셔(Pressure)를 주는 것이다.

아프지만

기쁜 마음으로,

즐긴다는 마음으로 툭 털고 나아가라.

미안하다 청춘아!

세상 살다보니

열심히 산 흔적, 그것보다 더 가치있는 게 없기에

사랑하는 청춘의 어깨에

짐을 실어주는 것이다.

아프니? 힘드니? 두렵니?
힘들지만 열정과 넘치는 자신감으로
뛰고 또 뛰어보자.

너희는 베스트만 가지고는 안 된다.
너의 몫은 베스트 중에 베스트(Best of Best)
The World Best가 되어야 한다.

발분망식하는
마음이 있어야 한다

∷

발분망식(發憤忘食)은 발분하여 끼니까지 잊고 노력함이요, 발분망침(發憤忘寢)은 발분하여 잠까지 잊고 노력함을 이르는 말이다.

세상을 살면서 세상 모든 일이 자기 뜻대로만 살 수가 없다. 분하고 원통할 때 분함을 참지 못하여 삐뚤어지기보다는 한 번쯤 분함을 참고 먹는 것과 잠자는 것을 잊어가면서 노력하는 정신이 필요하다 하겠다.

무엇인가 뜻을 이루려면 원하는 그 일을 위해서 일정기간을 발분망식하는 정신이 있어야 한다. 예컨대 공부하는 학생은 공부에 3년은 발분망식하고, 취업을 했을 경우에는 일에 3년은 발분망식하는 정신이 있어야 한다.

학창시절에는 알지 못했지만 성인이 되고부터는 남에게 지거나, 뒤쳐지는 일이 있을 때 그냥 넘기지 못하는 승부욕이 발동하기도 했다. 그런 승부욕이 때로는 인간관계에서는 본의 아니게 악영향을 줄 수도 있지만 어쩌면 그 강한 승부욕이 있었기에 사업을 안정되게 이끌어 나가는 초석이 되었음은 부인할 수가 없다.

'아직도 내 정신세계에는 발분망식(發憤忘食)이 살아 있다.'
두루뭉술하게 사는 것, 밋밋하게 사는 삶은 싫다. 남에게 피해만 주지 않는다면, 나만의 고유한 오기와 내면의 깡 그리고 끈기를 가지고 살고 싶다.

학위모에 숨겨진 비밀

●●

낭만 그리고 꿈과 열정이 살아 숨 쉬는 대학생활.

보통 대학생들이 졸업을 하기까지는 4년에서 6년이 걸린다.

그러나 많은 대학생들은 대학생활 4년, 6년이란 세월이 자신의 미래를 결정짓는 중요한 시기라는 것을 잘 알지 못한다. 실로 안타까운 일이다.

대학을 졸업할 때 학위모와 가운을 입고 졸업장을 받는다.

보는 사람마다 다르겠지만 적어도 필자의 눈에는 학사모가 '성공의 안전모', 가운은 '기업가정신'이라는 옷, 대학 졸업장은 '성공의 라이선스', 즉 '성공자격증'처럼 보인다.

학생들 자신은 잘 알지 못하겠지만 이미 대학생활 4년, 6년이란 세월의 흔적이 고스란히 자신의 미래라는 것을 알지 못한다.

졸업장은 '자기 자신의 미래'라는 인증서일 뿐이다.

자신이 노력한 만큼 자신의 미래가치를 부여받는 것이다. 그만큼 성공을 예비하는 절체절명의 시기이다. 대학 1학년이면 몸은 학생, 정신은 성인(成人)이 되어야 한다.

요즘 대학생들, 몸이 힘들고 힐링이 필요하겠지만 사회는 더 힘들다. 기업환경도 날이 갈수록 더 힘들다.

이왕 고생하는 것, 한 번쯤 대오각성하여 자신의 미래를 밝히는 일에 최선을 다해주었으면 한다.

절차탁마(切磋琢磨)하고, 해현경장(解弦更張)하는 마음, 젊음을 불태우는 대학생활, 후회가 없는 대학생활, 그것이 나의 미래와 나라의 미래가 걸린 운명이자 앞으로 40년, 60년 나의 경쟁력을 키우는 일이기 때문이다.

퇴직 후 8만 시간이
우리를 기다리고 있다

∴

　대부분의 사람들이 60세를 전후해 퇴직을 한다. 문제는 퇴직 후에 '누가 더 아름다운 노년을 보내느냐'가 숙제로 남아있다. 실제로 국민연금공단 연구원에 따르면 "퇴직 후 8만 시간 '은퇴 난민'이 되지 않으려면, 20~30대부터 차분하게 노후준비를 해 나가야 한다"고 강조하고 있다.

　예컨대 "하루 24시간 중에서 수면과 식사 등 일상생활에 필요한 시간을 빼면 약 11시간 정도며, 이를 20년으로 계산하면 약 8만 시간이다. 이 8만 시간은 연간 2천 시간 근무하는 근로자가 무려 40년간 일한 시간에 해당하는 매우 긴 시간이다"라고 강조를 한다.

　지극히 지당한 이야기다. 앞으로 도래되는 고령화 사회에서 행복한 노년을 보내기 위해서는 20~30대부터 차분하게 노후준비를 해 나가지 않으면 무의미하게 노후의 시간을 소비하는 '정년 난민' 또는 '은퇴 난민'으로 우울한 노년을 보낼 수밖에 없다는 이야기다.

　무서운 이야기로 들린다. 그러나 이 말이 아직 20~30대에게는 남의 일로 들릴 것이다. 젊었을 때 열심히 살지 않으면 늙어서 후회할 날이 멀지 않았음에도 말이다.

은퇴 후 8만 시간을 위해서 노력도 저축해야 한다. 행복도 저축해야 한다. 사랑도 저축해야 한다. 웃음도 저축해야 하고, 건강도 저축해야 한다. 이래저래 할 일이 많은 젊음이다.

시대의 흐름은 이미 노후설계가 선택이 아닌 필수가 되어버린지 오래다. 젊었을 때 하루 볕 감상하기에는 인생이 너무 빠르다. 지금부터라도 차분히 준비하는 젊은이가 많았으면 좋겠다. 노후설계 따로 없다. 그저 젊었을 때 세월을 허비하지 않고 부지런히, 열심히 사는 것이 진정한 노후설계일 테니까……

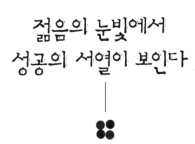

젊음의 눈빛에서
성공의 서열이 보인다

젊음을 본다.

그리고 그들의 가슴에 숨겨져 있는 꿈과 열정을 본다.

내 눈에는 보인다.

벌써 그들의 미래가 보인다.

10년, 20년이 지나면 '후회하게 될 텐데……' 하는 진한 아쉬움
이 든다.

젊을 때 하루 볕은
노년의 열흘 볕보다 소중하다

●●

'젊어서 준비하지 않으면 슬픈 노년을 보낼 수밖에 없다.' 이는 삶의 필수적인 생각이지만, 요즘 부모라는 울타리에서 보면 젊었을 때 허비하고 미래를 준비하지 않는 청춘들이 의외로 많다는 것을 느낀다.

'젊을 때 하루 볕은 노년의 열흘 볕보다 소중하다.' 이 말이 젊었을 때는 와 닿지 않겠지만 나이 들수록 뼈저리게 느끼는 날이 반드시 올 것이다.

오늘 아침 〈조선일보〉에서 [한국인의 마지막 10년] "'마지막 10년' 빈곤(貧困), 젊은 세대로 갈수록 심해진다"는 기사를 읽었다. 20대가 윗세대처럼 살아간다면, 말년에는 평균 2억 원씩 빚더미에 앉는다는 끔찍한 기사 내용이다.

※ 빈곤 부르는 '인생 10계단'

① 배우는 계단(20~29세)
② 취업하는 계단(25~32세)

③ 자녀키우는 계단(30~55세)

④ 내 집 마련하는 계단(35~60세)

⑤ 조기 퇴직하는 계단(50~60세)

⑥ 창업하는 계단(55~65세)

⑦ 자식 결혼시키는 계단(60~70세)

⑧ 노부모 부양하는 계단(60~75세)

⑨ 본인 의료비 대는 계단(70~85세)

⑩ 장수리스크 계단(85~100세)

기사에 따르면 세대가 내려갈수록 마지막 10년을 가난하게 보낼 가능성이 되레 높았다. 성장이 둔해지면서 국민 개개인이 10계단을 밟을 때 받는 충격이 점점 심해지기 때문이란다. 삶의 모든 단계에서 갈수록 더 많이 쏟아 붓고 더 적게 거두는 현상이 벌어지는데, 반대로 수명은 계속 늘어나니 문제가 심각하다.

윗세대처럼 살 경우 지금 20대는 뭔가 남기기는커녕 평균 2억 원의 빚을 지고 세상을 떠나게 되는 것으로 나타났다. 지금 30대와 40대 초반도 1,000만 원 가까이 빚을 남길 전망이라니 참으로 안타깝다.

힐링이 필요한 젊은이들에게 너무 많은 것을 강요하는 것 같아서 글을 쓰면서도 뒷맛이 쓸쓸하다. 하지만 내가 걸어가야 할 인생 길, 힘들어도 감사한 마음으로 살아야 한다.

세상이 아무리 힘들어도 온갖 풍파를 이겨내며 목적지를 향해 노를 젓는 뱃사공처럼 묵묵히 구슬땀을 흘리다 보면 예상 외로 좋은 결과를 가져다주는 것이 인생이기 때문이다.

지금 당장 젊었을 때 돈을 벌라는 이야기가 아니다. 다만 '자신의 꿈과 미래의 행복을 위해 젊음을 허비하지 말고 열심히 노력하자'라는 의미로 받아들였으면 좋겠다. 쫄지 말자. 청춘아!

내 인생 곁에 꼭 있어야
할 사람

∴

무릇 인간관계 때문에 힘들어하고, 마음 아파하는 사람들을 본다.

남의 일이 아니다. 일찍부터 필자는 '인간관계는 내 인생의 울타리와 같다'라는 생각을 가졌다. 돈을 버는 것도 좋지만, 그에 못지않게 인간관계 또한 중요하다는 사실을 알았기 때문이다. 어쩌면 '울타리가 든든해야 내 행복이 단단해진다'는 믿음을 오래전부터 갖고 살아왔나 보다.

제아무리 머리가 좋고 재능이 좋은 사람일지라도 인간관계가 좋지 않아서 실패한 사람이 많다. 반면, 머리나 재능은 남 보기에 크게 잘난 게 없는 사람이 오히려 좋은 인간관계를 통해 성공 인생으로 가는 사람을 많이 보아왔다. '알고 보면 인간관계라는 툴(Tool)도 참으로 인생의 중요한 대목이구나!' 하고 실감을 한다.

그렇다면 나는 어떤 인간관계로 세상을 살아가야 할까?

특히 인간관계를 어찌해야 할지? 고민하는 청춘들에게 필자 자신이

겪은 삶의 경험이 그들에게 작은 힘이 되었으면 한다. 결론부터 말하면 필자는 인간관계의 정석, 그 해답이 '자동차에서 나온다'라고 말하고 싶다.

알다시피 자동차는 수만 가지 부품으로 만들어진다. 그렇듯 우리인생도 수천, 수만 명을 만나고 생활하는 데 그중에 몇 명쯤은 내 인생 곁에 반드시 놓아야 한다. 나와 함께 할 인간관계 사슬은 내 인생의 가장 중요한 툴이 되기 때문이다.

내 인생 곁에 꼭 모시고 가야 할 사람은 바로 액셀러레이터(Accellerator)와 같이 나의 열정을 밀어줄 사람, 과속을 할 때 브레이크(Brake)처럼 나에게 순간순간 제동을 걸어줄 사람, 졸릴 때나 장거리 운행을 할 때 언제나 내 옆에서 조곤조곤 이야기해줄 사람, 인생이라는 자동차에 함께 탑승하여 원하는 목적지를 동행할 사람이다.

'내 인생 곁에 꼭 있어야 할 사람', 자동차에서 얻는 인간관계를 통해 과연 내 곁에는 그런 분이 있는지? 없으면 지금부터라도 보다 나은 인간관계를 위해 조금 더 노력을 해야 할 것이다.

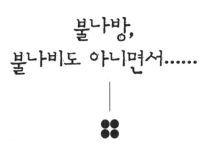

불나방도 아니면서 환한 곳만 찾는다.
불나비도 아닌데 번듯한 것만 찾는다.
요즘 젊은이들의 세태인 것 같다.

자신의 역량이나 자신의 적성은 외면하고 번듯한 회사만 찾다가 결
국 무직자 되더라.

배우자의 인성이나 배우자의 됨됨이는 무시하고 번듯한 배우자만
찾다가 결국 노총각, 노처녀 되더라.

번듯한 회사가 성공을 담보하는 것이 아니요, 번듯한 배우자가 사
랑과 행복을 가져다주는 것도 아니다.

번듯한 것은 호텔 로비면 족하리니 불나방, 불나비도 아니면서 번듯
한 것만 찾지 마라. 자칫하다가 인생 미끄러진다.

청춘에게 주는 글

• 나이 20세가 되면 성인으로서 인생에 책임을 질 줄 알아야 한다. 자신이 걸어갈 길을 분명히 설정하고 걸어가야 한다.

• 내가 성공해서 나 행복하고 내 주변에도 행복의 바이러스를 뿌리겠다는 멋진 생각을 가져라.

• 한평생 살면서 죽도록 공부 3년, 죽도록 일 3년, 죽도록 사랑 3년. 각 3년의 세월은 인생의 선택이 아닌 필수과목임을 명심해야 한다.

• 열심히 하는 사람에게 꿈은 생각보다 더 큰 결과를 가져다준다. 졸업 후 5년, 10년의 내 인생을 상상해보라.

• 군대 가는 고민은 고민이 아니라, 군대는 성인이 된 '나'를 바로 볼 수 있는 절호의 기회라 생각하라. 군 입대는 정신의 무장, 꿈을 무장하는 찬스요, 기회의 장이 될 수 있으니(독서, 리더십, 잠재력 개발).

● 젊어서 사서 하는 고생은 내 인생의 터닝 포인트가 된다. 젊을 때 고생이나 젊었을 때 실패는 내 인생의 훌륭한 자산이다.

● 성공의 길은 많다. 내가 가고자 하는 길, 벽이 가로막는다고 좌절하지 말자. 절망의 벽을 뛰어넘는 게 인생이다. 자신감을 가져라.

● 인생은 꽉 찬 휴지통이다. 인생 알고 보면 허망한 것이지만 휴지통에 휴지를 하나하나 꺼내 빈 휴지통을 만드는 것이 인생이니까.

● 선원보다는 선장의 꿈을 꾸자. 그것이 리더(Leader)의 마음이다.

● 취업에 대한 불안을 지워라. 사회 초년병의 연봉이 많을수록 성공하는 세상은 이미 지났다. 성공은 젊었을 때 누가 더 고생길을 애써 가느냐의 싸움이다. 첫 취업은 허들 1개 넘은 것에 불과하니까.

● 잘 되는 가게(회사)는 고객 컴플레인(Complain)도 없다. 인생도 마찬가지다.

● 성공한 사람의 언어와 성공한 사람의 습관을 좇아가려는 습관을 몸에 익혀라. 그것이 성공의 팁(Tip)이다.

● 작은 꿈은 꾸지도 마라. 작은 꿈 밑에서는 열정이 자랄 수 없으니.

● 야명조(夜鳴鳥)가 되지 마라. 인생을 먼저 준비하는 사람이 돼라.

● 자신을 비하하지 말고 자신을 칭찬하는 사람이 돼라. 자기최면도 수양을 통해 만들어진다. 스스로 신념을 불어넣는 멋쟁이가 돼라.

● 꿈은 자기 스스로 갖는 것이지만, 나는 꿈이 없다고 실망할 필요 없다. 꿈은 자동 생성 기능이 있다. 현실에 충실하다 보면 자신도 모르게 자신이 가야 할 길과 새로운 기회도 생기는 법이다.

● 비틀거리는 행복, 신나는 하루하루, 내 마음이 웃는 멋진 나날들을 상상하라. 일체유심조(一切唯心造)라고 모두 내 마음에 있다.

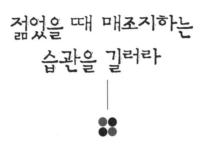

젊었을 때 매조지하는 습관을 길러라

꾹 참고 3년은 썩어라.

돌직구 오승환 선수처럼 이긴 경기를 확실히 마무리하는 습관을 들여라. 내 손에서 마무리 짓겠다는 생각이 일찍부터 습관화되어 있을 때 무슨 일이든 이룰 수 있다. 마음만 급하게 여기에서 잠깐, 저기에서 잠깐 일하다가 기회만 나면 뛰쳐나가려고 발버둥치는 젊은이가 많은 것 같다.

한 곳에서 3년은 썩어야 무언가 배워서 나온다. 6개월 있다 뛰쳐나오고, 1년 있다 뛰쳐나오면 시간만 아깝다. 그 시간은 헛시간이 되어버린다. 그저 땀방울 흘리는 것은 게을리 하고 귀만 크게 열어 놓고 세상을 살려고 한다. 그러니 이리저리 휘둘릴 수밖에……

땀의 철학을 알고 나야 매조지하는 습관이 길러진다. 힘든 일 참고 견디는 습관이 결국 나중에 큰일을 할 수 있는 원동력이 된다.

청국장 빨리되고 싶다고 항아리에서 먼저 나온들 청국장 되지 않는다. 일정기간 숙성해서 나와야 사람들의 입맛에 맞는 청국장이 되듯 세월의 흔적 없이 세상 되는 일 아무것도 없음을 알아야 하겠다.

선후(先後)와 본말(本末)

돌이켜보면 필자 인생의 젊은 날은 할 일도 많고, 놀 일도 많은 그런 시절이었다. 나이 50이 되어 인생을 돌이켜보면 젊은 날 필자가 걸어왔던 행동과 감정선이 어쩜 그리 산성과 알칼리성을 구분하는 리트머스 시험지처럼 명확하게 성공과 실패를 구분해주는지 이제야 알 것 같다.

젊은 시절 쏟아 붓는 노력의 양에 따라 인생이 행복할 수 있음을 뒤늦게라도 알았으니 그나마 다행이다. 젊은 시절 유흥이 '공부'보다 먼저일 수 없고, 젊은 시절 사랑이 '일'보다 먼저일 수 없다.

'성공은 어느 날 갑자기 하늘에서 뚝 떨어지는 것이 아니다.' 성공은 오랜 시간 자신이 흘린 땀방울 끝에서 열매를 맺는 것이다. 결국 끊임없이 자신의 행동을 지속시키고, 자신의 감정을 잘 다스리는 사람이 성공하게 되어 있다.

노처녀, 노총각이 결혼하기 점점 힘들어지는 것처럼 젊을 때 준비하지 않으면 나이가 들수록 성공은 멀어진다. 나이가 들수록 초조함만 더 커진다. 욕심만 더 커진다. 성공이란, 가마솥에 군불을 피우는 심정과 같은 것이다. 묵묵히 불을 지피다 보면 모락모락 김이 날 텐데, 그것을 참지 못하고 초조해한다.

인생이 초조하면 불을 때는 것은 뒷전이고 오직 솥뚜껑만 열어보게 되는 우(愚)를 범할 수 있다. '자신의 노력보다는 성취물을 너무 빨리 보려는 조급함이 인생을 망친다.' 군불을 때듯 차분한 마음으로 지금 하는 일에 최선을 다하는 마음이 중요한 것 같다. 인생! 김새지 않게 말이다.

젊어서 고생은 사서한다

옛말에 '젊어서 고생(苦生)은 사서한다'는 이야기가 있다. 아마도 이 말은 젊었을 때 준비하지 않으면, 나이 들어서는 그만큼 힘들다는 것을 시사하는 말이다. 앞서 인생을 살아 온 사람들이 후회스럽게 내뱉는 말이지만 인생살이 여러 가지 정황을 보고 먼저 고생을 쏟아 붓는 열정이야말로 젊은이들에게는 꼭 필요한 말인 듯하다.

같은 수고를 해도 젊었을 때 스스로 어려운 일을 찾아 고생을 하는 것은 그리 힘들지 않지만, 나이 들어서 젊었을 때 하지 않은 일을 만회하려면 인생이 서글퍼진다. '인생은 무엇 하나 내게 공짜로 주는 법이 없다.' 모두 혹독한 대가를 요구한다. 그 대가는 바로 어려운 일이나 고된 일이다.

'어려운 일이나 고된 일은 성공의 파이프 역할을 한다.' 수돗물을 마시려면 정수장에서 걸러진 물이 수도관을 통해 우리의 몸속으로 흡입되듯이, 정수장은 일터요, 수도관은 바로 힘든 일이나 고된 일이라

는 것을 한시도 잊어선 안 되겠다.

세상에 그 어떤 성공도 고생(苦生)이라는 관(管)을 통과하지 않은 것은 없다. 이제 고생은 선택이 아닌 필수가 되어버렸다.

불황에 심각한 경기침체는 우리를 힘들게 하지만 살아남을 돌파구는 단 하나. '남보다 먼저 고생길을 자청하는 사람이다'라는 사실에 이의가 없었으면 좋겠다.

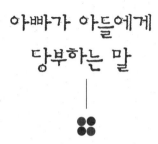

찢어지게 못살던 어린 시절, 나의 부모님께서는 '고지'를 먹으면서 자식들 굶주린 배를 채워주고, 비록 못살지만 자식들만은 공부 잘 시켜 잘 살기를 바라셨던 부모님의 심정을 이제는 조금 알 것 같다.

'고지'란? 삯을 미리 받고 남의 논을 대신 경작해주는 일로 논 한 마지기당 일정한 삯을 정해, 모내기부터 마지막 김매기나 수확까지의 일을 해주기로 하고 미리 받아쓰는 삯이다.

고지 먹고 자란 아들이었기에 이를 더 악물었다. 필자는 할아버지, 아버지가 극복하지 못한 가난과 싸워 이기려 무던히도 애를 썼다. 우리 집 가문에 언젠가는 꼭 한 번 극복해야 하는 가난을 필자의 선에서 종지부를 찍겠다는 각오로 살아왔다.

대대로 대물림되어 내려 온 그 지긋지긋한 가난과 싸워 이기기란 말처럼 그리 쉬운 일이 아니었지만, 묵묵히 20년을 한결같이 열심히 살아 온 덕분에 이제 가난을 내려놓게 되었다.

보릿고개에 쌀 두 섬을 고지 먹고, 그 해 봄부터 가을까지 내내 자리품을 갚느라고 허리 펼 날이 없었던 부모님을 생각하면 내 고생은 아무것도 아니겠지…….

사랑하는 내 아들아! 이 아버지는 가난과 싸우느라, 성공을 쫓느라 주위를 둘러보지 못하고 살아왔다. 이제 너희는 가난과의 싸움이 아닌 '사회를 유익하게, 이웃을 따뜻하게' 하는 삶을 살아다오. 아빠는 그간의 소원인 이 말 한마디를 하기 위해 여태껏 달려왔구나 하는 느낌이 든다.

'기술경영 창업' 삼겹살 파티

부모의 기대치를 충족해 주어야 하고, 또한 자신의 꿈을 실현시키기 위해 오늘도 밤잠을 설쳐야 하는 대학생들……. 꿈도 많고 고민도 많은 시절이다.

공부에 지쳐있는 청춘이건만 잠시 휴식을 취하려면 어김없이 동아리 친구, 선배의 호출이 이어진다. 학업과 인적 네트워크를 쌓아가는 일도 바쁜데, 젊은 날의 추억과 낭만 또한 즐겨야 하고 그냥 흘려버릴 수 없는 입장이다.

무엇 하나 소홀하게 지나칠 수 없는 지친 학생들에게 오늘만은 책가방을 내려놓고 힐링의 시간을 갖기로 했다. 다름 아닌 '삼겹살 파티'다. 그동안 쌓였던 스트레스를 모두 날려버리고 오늘만은 먹고 마시고 즐기자.

평소보다 빨리 강의를 마치고 삼겹살집으로 가기 전에 학생들에게 무슨 팁(Tip) 하나를 주고 싶었다. 문득 "오늘의 강의 어땠나요?"라고 물었다.

눈치 빠른 학생들은 "오늘 강의는 명품 중에 명품 강의였다"라고 말한다.

역시 삼겹살의 힘이 세기는 센 모양이다. 학생들의 말이 끝나기 전에 "왜 명품 강의였다고 생각하는가?"라고 또 물었다. 서로들 눈치만 본다.

순간 조용해진 강의실. 나는 학생들을 향해 말했다. "명품 강의가 나오는 것은 바로 여러분들이 명품이기 때문입니다." 모두들 "WOW~!" 하며 엄지를 치켜세운다.

"분명히 말하지만 여러분은, 여러분 자신은 명품입니다. 지금도 그렇고, 앞으로도 그렇게 명품 인생으로 살아갈 의무가 있습니다. 명품은 명품다워야 합니다. 항상 명품으로서의 자부심(Pride)과 가치(Value)를 생각해 주십시오. 살면서 어렵고 힘들 때 이 말을 꼭 기억해 주길 바랍니다."

"와우~!" 박수가 또 나온다. "자~! 그럼 출발합시다."

명품 강의를 듣고 삼겹살 파티를 떠나는 학생들을 본다. 얼굴이 모두 환하다. 바라옵건대 오늘 들은 이 말 한마디가 사랑하는 제자들이 앞으로 세상을 살아가는 데 좀 더 자신감과 열정을 갖는 계기가 되었으면 하는 생각뿐이었다. 참 좋다. 이것이 가르치는 보람인가!

젊어서 배워야 하는 이유

∷

거금을 투자해서 기타를 샀다. 그리고 통기타 입문 책도 2권을 샀다. '이번에는 반드시 배우고야 말겠다'는 각오도 단단히 했다.

중고등학교 시절부터 배우고 싶었던 터라 그런지 약간의 흥분이 된다. 무엇이든 배운다는 것은 이처럼 기분 좋은 일인가 보다.

기타를 배우고 싶은 욕망, 그 후로 벌써 30년의 세월이 훌쩍 지나버렸다. 세월은 우사인 볼트보다 빠르다는 것을 느낀다. '늦었다 생각할 때 그때가 가장 빠른 때이고, 늦었다고 생각할 때가 행동하기에는 가장 이른 때이다'라는 말이 명령처럼 내게 들려오는 듯하다. 이번에는 포기하지 말고 꼭 배워야지.

드디어 레슨 시작. Em, A, G7, D 코드를 익히고 스윙 주법을 배운다. 배울 때는 알겠는데 되돌아서면 잊어버린다. 모두가 나이 탓인가? 배움을 갈구하는 필자에게 인생은 새로운 깨달음을 준다.

10대에는 하나를 배우면 하나가 내 것으로 되지만
20대에는 둘을 배워야…… 하나가 내 것으로 되고,
30대에는 세 개를 배워야…… 하나가 내 것으로 되고,
40대에는 네 개를 배워야…… 하나가 내 것으로 되고,
50대에는 다섯 개를 배워야…… 하나가 내 것으로 된다.

.

.

.

100대에는 열 개를 배워도 내 것은 제로, 즉 '0'이 된다.

순전히 필자의 머리에서 나온 계산법이지만, 왜 젊었을 때 배움을 소홀히 하지 말아야 되는지 '일촌광음불가경(一寸光陰不可輕)'이란 말이 왜 나왔는지 이제야 그 뜻을 조금은 알 것 같다. 이미 다섯을 배워야 하나를 얻을 수 있는 나이가 되어 버렸다.

그렇지만 포기하지 않으련다. 비록 더딜지라도 내 사랑하는 사람들 앞에서 멋진 기타 연주를 할 때까지 기타를 잡은 손을 절대로 놓지 않으련다. 멋진 세상, 멋지게 살고 싶어서…….

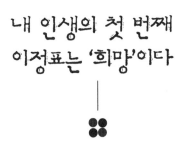

내 인생의 첫 번째 이정표는 '희망'이다

언제나 그렇듯 내 인생의 첫 번째 이정표는 '희망'이었다.

맨주먹으로 서울로 상경해서 대학을 들어간 것도 '희망'이었고, 남들은 안정된 직장을 위해 공무원이나 대기업을 택할 때 나는 주저 없이 중소기업을 택한 것도 '희망'이었다.

결혼을 앞두고 돈 많고 예쁘고 많이 배운 여자보다는 인생을 함께 일궈 나갈 성실한 여자, 착한 여자를 아내로 맞은 것도 '희망'에서 출발을 했고, 맨손으로 창업을 하고, 창업 후 잘 나가던 회사가 뜻밖의 IMF로 어려움을 겪고 허망하게 주저앉을 때도 결국 나를 일으킨 것은 '희망'이었다.

결국 '희망'을 내 인생의 첫 번째 이정표로 손잡았던 나의 선택이 훌륭했구나 생각을 했다. '20대의 올바른 선택 하나가 어찌 보면 내 인생을 책임지고 있구나' 하는 것을 느낀다.

'내 인생의 봄날은 오늘보다 내일이다.' 그래서 날마다 신바람이 난다. '신나는 내일을 위해 오늘을 기꺼이 투자한다'는 생각으로 열심히 사는 오늘 하루가 마냥 즐겁다.

내 인생 누가 대신해 줄 수 없다. 걍! '희망.' 그 녀석이라도 붙들고 있으니 외롭지도 않고 행복하다. 20대의 이정표 하나가 내 인생의 보물이 될 거라고는 꿈에도 상상을 못했다. 이것이 현실이다.

금자탑을 이루려 애쓰는 청년들에게……

∷

인간으로 태어나 후세(後世)에 전해질만한 가치가 있는 불멸의 업적, 즉 금자탑(金子塔) 하나를 남긴다는 것은 참으로 쉬운 일이 아니다. 그러나 청년의 무한 가능성으로 본다면 결코 불가능한 일도 아니다. 문제는 노력이다.

쉬운 일이 아닌 것을 가능한 일로 만들기 위해서는 피나는 노력이 선행되어야 가능하다. 어느 한 분야에 확실히 미쳐야 가능하다. 적당히 미쳐서는 아니 된다. 미쳐도 제대로 미쳐야 한다. 적당히 공부하고, 적당히 일을 해서 이룰 것이라고는 세상에 아무것도 없기 때문이다.

이 글을 쓰면서도 힐링(Healing)이 필요한 청년들에게 너무나도 미안한 생각이 앞선다. 기성세대로서 해야 할 노력은 덜하고 청춘들에게만 많은 노력을 요구하는 것 같아서 말이다.

오늘의 청년들아! 미안하다. 그러나 이제부터는 같이 노력을 하자.

기성세대와 청춘들이 서로 한 손에는 도전, 한 손에는 혁신의 마음을 가지고 서로 경쟁을 하고, 서로를 위로하는 아름다운 세상을 같이 만들어 가자. 그것이 이 사회를 위하고 대한민국을 살리는 일일 테니 말이다.

청춘아!
핸드폰 버리고 여행가자

⋮

⋰

　'시합 전에 이미 승부는 나 있었다'라는 말을 종종 듣는다. 그 말은 시합을 앞둔 선수의 마음상태나 그동안 애써 훈련해 온 선수의 땀방울을 보고 결과를 미리 판단한다는 말이라고 할 수 있겠다.

　동일한 환경에서, 아니 나보다 더 좋은 환경에서 체계적이고 과학적인 훈련을 하는 상대가 수두룩하게 많은 게 현실이다.

　말 그대로 눈을 부릅뜨고 연습을 해도 우승하기가 힘든 세상이 되어버렸다. 이런 점에서 보면 우리네 청춘도 '인생 성공'이란 시합을 앞둔 선수라 할 수 있겠다.

　시합을 앞둔 선수는 나태해서는 안 된다. '인생 성공'이란 게임은 몸과 마음의 준비를 철저히 하고, 대차게 대들어도 어려운 게임이다. 다시 말해 '절차탁마' 노력에 노력을 더해도 시원찮은 게임이다. 그런데 핸드폰이나 만지작거리고, 이불 속에서 빈둥빈둥 시간을 허비하는 한심한 청춘이 많은 것 같다.

게으른 청춘아! 아직도 침대에 누워 **뿅뿅**(애니팡)하는가? 지금 당장 핸드폰을 내던지고 배낭을 짊어져라. 나 홀로 여행을 하며 자신이 걸어갈 꿈을 설계하고, 그 꿈을 실행할 세부적인 '마음의 지도'를 펼쳐라.

기성세대가 보는 청춘은 부럽다. 김우중 전 대우그룹 회장께서 "세상은 넓고 할 일은 많다"라고 일갈하신 그 넓은 길을 가라.

'동이 트면 강을 건너겠다는 사고(思考)는 버려라.' 비록 지금은 어둠일지라도 운동화 끈을 질근 동여매는 것이 청춘이려니……

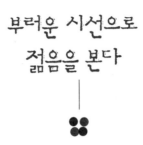

부러운 시선으로
젊음을 본다

끼를 주체할 수 없는 젊음
꿈을 주체할 수 없는 젊음
그들 곁에 함께 있음이 너무나 행복하다.

Dream & Healing
Entertainment & Healing
언제나 그들에게 위로와 희망을 전하고 싶다.

때로는 독한 말로 자극을 주고
때로는 따뜻한 위로를 주는
두 가슴을 가진 사람이 되자.

'젊음의 텃밭에 성공의 씨앗을 뿌리는 남자'라는 생각 때문일까?
오늘따라 내가 많이 멋져 보인다.

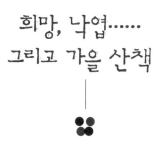

희망, 낙엽······
그리고 가을 산책

어제 미국 조지아주 시아일랜드 골프장에서 끝난 PGA 투어 맥글래드리 클래식에서 시급 9달러(약 9,936원)를 받고 일했던 보일러 설비기사 출신 토미 게이니(37·미국)가 PGA 투어 15년, 105번째 출전 만에 기적을 일궈내며 PGA 우승이라는 인간승리를 거뒀다.

게이니는 고등학교 때까지 골프를 했지만 대학 골프팀에 스카우트되지 못해 기술학교에 진학을 했고, 졸업 후에는 보일러 설비기사로 일하다가 1997년 마침내 스물두 살 때 프로선수가 된다. 꿈을 포기하지 않은 그에게 'PGA 우승'이라는 징조가 보였을까?

그는 지난해 PGA 챔피언십 때 짐 퓨릭(42·미국·통산 16승)으로부터 "곧 우승할 것이다"는 이야기를 듣고 희망을 얻게 된다. 말이 씨가되었을까? 그 말을 들은 후 만 1년 만에 그는 우승을 거머쥔다. 우승후 인터뷰에서 "용기를 준 퓨릭에게 감사한다. 희망을 잃지 않았더니기적이 일어났다"고 기뻐했다고 한다. 참으로 축하받을 일이다.

[낙엽…… 그리고 가을 산책]

가을
세찬 바람에 떨어지는 낙엽을 본다.
떨어지면 낙엽이요, 붙어있으면 잎사귀
낙엽은 바람과 싸움이 처절하다.

인생은 낙엽이 아니다.
인생은
세찬 비바람에 떨어지는 낙엽이 아니라
잎사귀처럼 고난과 역경에도
희망의 끈을 놓지 않는 것이 인생이다.

절규하는 잎사귀
떨어지지 않고 끝까지 매달려 있는 힘
그것이 바로 희망이다.

고난 속에서도 희망을 품었던 게이니
그는 결국 꿈을 이뤘다.
아무리 어렵고 힘이 들어도
내리는 비에 낙엽은 떨어져도
우리 가슴에
희망이 떨어져서는 아니 될 이유다.

추적추적 내리는 비에
혹여나 우리네 가슴속에 남아있는
희망마저 씻겨나가지 않기를
애타고 또 애타게 기원해 본다.

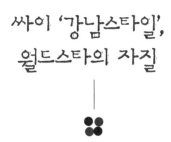

싸이 '강남스타일', 월드스타의 자질

가수 싸이는 이미 자타가 공인하는 월드스타가 되어 버렸다.

싸이가 있는 세상. 그것은 대한민국의 큰 자랑거리임이 틀림없다. 필자는 몸치라서 평소에 춤하고는 다소 거리가 멀었지만, 이번 '강남스타일' 말춤만은 어느 정도 소화를 하는 선수(?)가 되어버렸다.

꽤나 중독성이 강한 싸이의 노래와 춤 속에 요즘 부쩍 사는 재미가 더해진 느낌이다. 어디 기성세대인 나뿐이겠는가! 싸이 덕분에 청소년들도 꿈과 희망을 갖는 계기가 되었을 것 같다. '나도 월드스타가 될 수 있을까?' 하고 고민하는 청소년들이 많이 있을 테니 말이다.

월드스타가 된다는 것. 그것은 누구나 가능성이 있으면서도 참으로 힘든 일이다. 그러나 힘든 일을 해내는 것. 그것 또한 청년이 가져야 할 꿈이자 의무이다. 청년기에 그런 꿈을 갖지 못하는 것은 참으로 안타까운 일이다. 내가 스티브 잡스가 될 수 있고, 싸이가 될 수도 있다는 자신감이 있어야 하겠다. 말춤을 추듯 신나게 생각하고, 열심히 미래를 향해 달리는 청년들이 많았으면 좋겠다.

'강남스타일'의 열풍에서 느낀 것이지만 필자는 월드스타의 자질 중 한 가지를 꼽으라면 제일 먼저 '영어의 능력'이라고 본다. 글로벌 마인드의 첫 번째 조건은 영어다. 통 크게 나서려면 우선 말이 통해야 큰 길을 갈 수 있다. 그런 점에서 보면 싸이는 복 받은 사람이다. 미국인들로부터 '생긴 것보다 영어 잘한다'는 말을 듣는 싸이. 그것이 그가 월드스타로서 오늘이 있게 한 원동력이 아닐까 하는 생각도 큰 무리는 아닐 듯싶다.

강을 건넜고, 건너온 다리를 불살을 의지가 없다면……

『"강을 건넜고, 건너온 다리를 불살랐다."

무소속 안철수 후보는 바로 어제(25일) 서울 서교동에서 열린 방송사 시사 프로그램 되살리기를 위한 콘서트에 참석해 대선 출마를 강을 건넌 것에 비유하면서 연말 대통령 선거를 끝까지 치르겠다는 의지를 강하게 내비쳤습니다.』

이 기사를 접하면서 20여 년 전 정든 직장생활을 마감하고, 창업을 결심할 때의 일이 주마등처럼 스쳐 지나갔다. '오늘이 내 생(生)에 있어 직장생활 마지막 날이다.' 필자가 사업을 하기로 결심한 이상 '무슨 일이 있어도 다시는 직장생활로 돌아가지 않겠다'는 의지를 다진 때가 있었다. 그로부터 20년이 흘렀다. 필자는 나와의 약속을 지켰고, 앞으로 또한 그 약속만은 지켜갈 것이다.

돌아갈 퇴로(退路)가 있음은 오히려 불행한 일이다. 내가 마음을 먹었으면 끝까지 그곳에서 결판을 내겠다는 외로운 결심이 창업을 성공으로 이끄는 힘이 된다는 사실이다. 필자 역시 그때 그 약속이 있었기에 오늘의 영광이 있었음을 안다. 손쉽게 창업하고 안 되면 다시 돌아가려는 마음이 조금이라도 있는 사람은 창업을 하지 않는 편이 옳다.

청년창업도 마찬가지다. 젊은 날 도전은 아름답지만 도전을 하다 안 되면 부모의 품으로 돌아가려는 마음이 있으면 그 창업은 필패(必敗)의 길로 갈 확률이 크다. 창업은 독한 마음, 독한 의지가 없으면 무조건 살아남기 힘든 길이다. 그러나 자신 스스로 퇴로를 불사르고 묵묵히 정진하다 보면 그것만큼 값진 길도 없다는 사실을 알아야 할 것이다. 창업, 창업 준비는 '건너온 다리를 불사르는 그 마음에서 시작된다'는 사실을 한시라도 간과해서는 아니 되겠다.

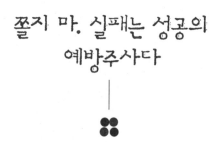

쫄지 마, 실패는 성공의 예방주사다

오늘날 우리는 날로 심화되는 경쟁의 바다에 놓인 한 척의 돛단배를 연상케 한다. 원하는 물고기는 잡히지 않고 점차 육지로부터 멀어지는 두려움 속에 노를 젓는 어부의 모습이다.

말없는 바다는 마치 어부를 집어 삼킬 듯한 표정으로 달려들지만 어부는 이에 굴하지 않고 그물과 사투를 벌인다.

그렇듯 우리의 모습도 어부를 닮았다고나 할까? 부모님의 따뜻한 품을 떠나 사회(社會)라는 바다로 나아가 스스로 독립하는 시기가 되었으니 말이다.

바다가 그렇듯 어쩌면 첫 발을 내딛는 인생이란 세상이 두렵고 떨리는 무서움의 존재로 보일지 모른다. 그러나 알고 보면 세상은 부모의 마음처럼 참으로 따뜻한 존재다. 두려워하거나 피하지 마라. 파도가 높든, 어둠이 찾아오든 부딪쳐 쫄지 않는 마음이 성공의 마음이다 인간사 실패는 성공의 예방주사일 뿐이고, 실패 그 다음에 오는 단어는 성공이요, 시련, 좌절 그 다음에 오는 단어는 행복이다. 그것이 우리가 희망을 버리지 말아야 할 이유다.

내 인생! 아무리 어렵고 힘이 들어도 어렵고 힘든 그 뒤에 오는 단어를 생각하면 어느새 마음은 착한 어부의 마음으로 돌아간다. 그래서 그런지 필자의 얼굴은 늘 자신감에 차있다.

'내 인생 자신감이 있는 한 나도 언젠가는 월척을 낚고, 만선(滿船)의 기쁨에 훨~훨~ 노래 부를 날이 있겠지……' 하고 생각하니 이 어찌 행복하지 아니한가!

내가 가는 길이 역사가 된다

[역사는 꿈꾸는 자의 편에 선다.]

오늘 네가 가는 길
오늘 네가 걷는 길
훗날
그 길이 역사(歷史)가 된다.

어찌 보면 하찮은 나
부질없는 하루가
'역사는 뭔 역사야' 하면서
가볍게 치부할 수 있겠지만
역사는 그 속에서 이루어졌다.

문득 하루를 무심코 넘기려다
다시 붙잡는 이유도

게으름의 이불을 덮고 쉬려다
자리를 박차고 일어나는 것도
다 그 때문이다.

역사를 꿈꾸는 것
역사를 만들어 가는 것
그것이 내가 할 일이요
또한 청년이 할 일이다.

자격증 뒤에 숨지 마라

∷

　고생은 고생대로 지지리 해서 마침내 자격증을 따고 결국은 자격증 뒤에 숨어버린다. 죽어라 공부해서 명문대학 들어가더니 입학과 함께 결국은 평범한 아이가 되어버리더라. 남들은 들어가고 싶어도 못 들어가는 폼 나는 대기업에 들어가더니 결국 대기업 병 걸려 허우적거리더라. 남들은 하루만 살아도 소원이 없는 부유한 환경에서 살면서 결국은 마마보이가 되어버리더라.

　결국은…… 그럴 바에야…… 차라리 갖지 않는 것이 낫다. 차라리 자격증 따지 않는 것이 더 발전할 수가 있다. 세상살이 무엇인가 하나를 얻었으면 얻은 만큼 더 열심히 살아야 하는 것이 기본 중의 기본이다.

　무엇을 하나 얻었다고, 그것이 자신을 지켜주는 '빽'인 냥 게으름을 부리거나 거드름을 피운다면 그것은 내가 얻은 그것(자격증)이 곧 내 인생의 족쇄가 된다는 사실을 알아야 한다. 어렵게 손에 쥔 자격증.

그러나 그것 하나로 세상을 다 얻은 것처럼 거드름을 부리는 것은 망조(亡兆)의 지름길이다.

진정한 성공의 자격증은 눈에 보이지 않는다. 누가 성공자격증을 보았는가? 좋은 습관자격증을 보았는가? 부자자격증을 보았는가? 행복자격증을 보았는가? 이 세상에 인생을 바꿔 줄 진정한 자격증은 눈에 보이지 않는다. 눈에 보이는 자격증은 더 열심히 하는 자격증이지, 자격증 뒤에 숨어서 적당히 살라는 자격증은 아닐 듯싶다. 제발 좋은 스펙 뒤에 숨지 마라.

성공 3·3·3 법칙

●●
●●

3년의 독한 세월 없이 무엇인가를 바란다면 그것은 도둑심보라 할 수 있다. '무엇이든 3년의 독한 노력이 30년을 행복하게 한다.' 내 평생 공부에 3년, 일에 3년, 사랑에 3년 미치지 않고 무엇인가 얻으려고 한다면 그것은 난센스다.

안 할 거면 몰라도 할 거라 마음먹으면 3년은 독하게 해라. 99°C의 물은 평생을 가도 끓을 수 없듯이, 무릇 평범한 노력으로는 3년이 아니라 30년이 가도 무엇 하나 이룰 수 없다.

독한 마음 3년, 불광불급(不狂不及)의 독한 열정만이 자신을 변화시켜 주는 1°C의 파워(Power)가 된다는 사실을 알아야 하겠다.

내 평생 3년은 공부에 미쳐보고,
내 평생 3년은 독하게 일에 미쳐보고,
내 평생 3년은 뜨거운 사랑 한 번 해보자.

3년의 독한 공부는 내 평생 깨달음을 주고, 3년의 독한 일은 내 평생 성공이란 이름으로 나를 행복하게 해줄 것이며, 3년의 지극 정성스런 사랑은 내 평생 온전한 사랑을 알게 해줄 것이다. 그것을 믿고 공부를 하든, 일을 하든, 운동을 하든, 사업을 하든 죽었다 복창하고 3년 독한 세월을 인내하는 게임이 인생이라 하겠다.

무엇인가에 미쳐 3년, 즉 1,000일을 묵묵히 참고 인내하며 독하게 노력하는 마음, 그것이 성공으로 가는 마음이란 생각이 든다. 재깍재깍 지금도 시간은 간다. 이제까지 자신의 노력이 미흡했다면 지금부터라도 무언가 바라는 목표를 향해 독하게 한 번 달려드는 용기가 있어야 되겠다. 아직 후회하기 이르니…… 절망하기 이르니…….

아픔도 극복하고 나면 축복이 된다

현재 내가 아파서 울고 있다는 것은 충분히 이길 수 있는 상대와 맞닥트렸다는 것이다.

그러니 아파하지 마라. 심하게 아프면 눈물도 나지 않는다.

과거의 아픔은 극복하고 나면 축복이 된다.

현재의 아픔도 극복하고 나면 축복이 된다.

배부른 소리 같지만 아픔도 지나고 나면 '그때 내가 왜 울었지?' 하고 반문을 할 때가 있으니⋯⋯.

문제는 극복(克服)이다.

울지 말고, 조바심 내지 말고, 희망의 끈을 놓지 말고, 모든 원망일랑 자기 쪽으로 향하게 하자.

그런 어른스런 마음이 아픔을 치유하는 힘이 된다.

내 삶은 내 거일 뿐이다.

내가 기쁘다 하면, 나 대신 웃어 줄 사람은 많아도 내가 아프다 하여, 나 대신 아파해 줄 사람은 없다. 이것이 내가 정신 차려야 할 이유인 것이다.

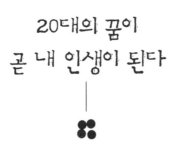

20대의 꿈이
곧 내 인생이 된다

10대 청소년기에 꿈은 아름다운 것이다.
10대 가슴에 품은 꿈은 박수 받을 일이다.

10대 꿈을 꾸지 않았다면, 20대에는 반드시 꿈을 꾸어라.
'20대의 꿈이 곧 내 인생이 된다.'
다만 10대에 꿈을 꾸지 않았기에 10대 노력에 2배의 노력을 더 해야
한다는 것을 명심해야 한다.

20대 꿈을 꾸지 않았다면, 30대에는 반드시 꿈을 꾸어라.
아쉽지만 서둘러야 한다.
다만 10대, 20대에 꿈을 꾸지 않았기에 남보다 3배의 노력을 더 해
야 한다.

30대에 꿈을 꾸지 않았다면, 40대에는 반드시 꿈을 꾸어라.
늦었지만 다행스런 일이다.

다만 20대, 30대에 꿈을 꾸지 않았기에 남보다 4배의 노력을 더 해야 한다.

'꿈은 빠를수록 좋지만, 늦어도 충분한 가치가 있다.'

2배, 4배, 아니 10배면 어떠랴! 가치를 찾는 일은 언제나 행복한 일인데……. 늦었지만 지금이라도 잃어버린 꿈을 찾아 발걸음을 재촉하는 멋쟁이가 많았으면 좋겠다.

하버드대 수석 졸업보다
더 빛나는 '독립심'

|

한국인 유학생이 올해 미국 하버드대 수석 졸업의 영광을 안았다는 뉴스를 접했다. 수석 졸업의 주인공인 진권용(20)씨. 그는 서울 대치 초등학교 6학년 때 미국에 건너가 혼자 유학생활을 하면서 이룬 값진 성과라는 내용이었다. 다른 사람들 같으면 외견상 비춰지는 수석 졸업에 눈이 꽂히겠지만 내 눈에는 하버드대 수석 졸업이 아닌 그가 '외로움을 떨쳐버리기 위해 학업 외에 학교의 각종 스포츠클럽에 가입해 외로움을 떨쳤다'는 기사 내용에 눈이 더 오래 머물렀다.

'혹시 공부만 하는 공부벌레인가?' 하는 의구심을 한방에 날리는 기사 내용에 그제야 '대한의 아들! 참 장하구나!' 하고 소리 없는 박수를 보냈으니 말이다. 이어지는 기사 내용은 더 반가웠다. 그는 "오랜 유학생활을 가능케 한 독립심은 평소 '자율과 책임'을 강조한 부모님의 교육철학에서 나온 것"이라는 내용에 공감을 표했다.

독립심은 백 번, 천 번을 강조해도 무리가 없는 단어다. 요즘 '부모들의 성공확률보다 자녀의 성공확률이 40%로 줄어든다'는 통계를 보더라도 기성세대의 성공보다도 자녀 세대의 성공이 더욱 힘든 상황으로 전개가 된다. 그렇게 힘든 경쟁구도에서 살아남으려면 단 한 가지 독립심을 키울 수밖에 없을 듯한데 요즘 부모들은 아이들을 너무 감싸려 든다. 품 안에만 넣고 키우려하는 우를 범하고 있다.

자녀들을 밖에 내보내려 해도 어려서 안 되고, 딸이라서 안 되고, 몸이 약해서 안 되고 스스로 발목을 잡아버린다. 아무리 자식이 중요하다 해도 부모가 나약(?)해서는 결국 자녀의 앞길만 막는 우를 범할 수 있다는 사실을 알아야 한다.

이번 기사는 '자율과 책임'을 강조하는 독립심이 자녀의 바른 성장에 얼마나 중요한지를 대변해 주고 있다. 유학을 가도 독립심이 있어야 하고, 결혼을 해도 독립심이 있어야 하고, 창업을 한다 해도 더더욱 독립심이 있어야 한다. 아무리 생각해도 '독립심'은 백 번, 천 번을 강조해도 지나치지 않은 말이라는 생각이 든다.

용감해야 결례도 범한다

∷

[사장 의자 앉아 폼 잡아보는 용기]

결례(缺禮)도 용기 있는 놈이 범한다. 나쁜 뜻에서 결례(缺禮), 즉 예의범절에서 벗어나는 짓을 한다면 문제가 있겠지만 옳은 뜻을 위해서라면 한 번쯤 결례는 웃어넘길 수 있는 일이다.

군대 제대를 하고 신입사원으로 출근해서 며칠 되지 않은 어느 날, 사장실이 궁금했다. 저녁 시간인지라 사장님을 비롯한 중역 분들까지도 퇴근한 후였기 때문에 신경 쓸 것이 없었다. 두근거리는 마음으로 사장실 문을 빠끔히 열었다. 잘 정돈되어 있는 사장실 분위기, 커다란 책상에 보기에도 비싸 보이는 회전의자…….

언젠가는 한 번 앉아보고 싶은 회전의자가 필자 앞에 있다. 무작정 달려가 앉았다. '열심히 일해서 10년 후에는 나도 사장이 되겠다'는 큰 뜻을 품었다. 비록 사장실에 들어가는 결례는 범했어도 그때 의자에

폼 잡고 앉아 다짐했던 마음의 콩닥거림은 아직도 생생하게 들려오는 듯하다.

사장실의 결례(缺禮) 덕분인지 모르겠지만 10년이 지난 후 필자는 창업이라는 꿈을 이뤘고, 지금도 중소기업 CEO로 바쁘게 살아가고 있다.

꿈이 있다면 누구나 "사장 의자가 아닌 회장님 의자라도 달려가 한 번 폼 잡고 앉아보는 용기를 가지라"고 말하고 싶다. 큰 꿈을 펼치는 것은 자신을 위해서뿐만 아니라, 국가와 사회를 위해서도 이(利)로운 일이기 때문이다.

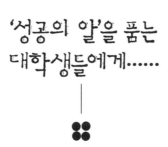

'성공의 알'을 품는
대학생들에게……

인생이라는 둥지에 당신의 기술과 재능, 끼와 열정을 담아서 마음껏 품으십시요!

'기술경영'과 '기업가정신'이란 알은 품으면 품을수록 성공 인생의 부화를 약속해줄 것입니다.

'기술경영(MOT)'이란 고객의 니즈를 파악하고, 고객에게 가치를 제공하는 것.

'기업가정신(Entrepreneurship)'이란 스스로 가능성에 대한 믿음으로 새로운 기회를 발굴하고 실현시켜 나가는 힘의 원천이다.

기업가정신은 혁신, 창조, 실행력의 바탕 위에서 자란다.

고객에게 예의를 다 하려는 마음, 정직한 마음에서 우러나오는 제품을 만들고, 고객을 편하게 하려는 마음이 선행되어야 한다.

우리 모두 성공의 꿈을 꾸자.

가능하다고 생각하면 모든 것을 이룰 수 있지만, 불가능하다고 생각하면 이 세상 아무것도 이룰 게 없다.

축복받은 내 인생! 후회하지 않도록 말이다.

우리 아들이 달라졌어요. 우리 딸이 달라졌어요. 부모가 듣기 좋은
말이다.

게으름을 박차고
세상을 향해 뛰쳐나가라

아주 짧은 시간(時間)이라도 헛되이 보내지 말라는 뜻의 '일촌광음 불가경(一寸光陰不可輕)'이라는 이야기가 있다.

젊은 날에 시간을 허비하는 일, 그것은 바보나 할 짓이다. 틈만 나면 남이 만들어 놓은 핸드폰, 그것이 뭐가 좋다고 만지작거리고 게임이나 하는지…….

휴일에 던져버려야 할 것이 있다면 그것은 핸드폰과 게으름이다. 일상의 게으름을 박차고 세상을 향해 뛰쳐나가라. 무엇이든 좋다. 박차고 달리는 것, 그것이 젊은이가 해야 할 행동이다.

젊은 날! 젊음의 하루 볕을 가벼이 하는 습관에 젖으면 중년의 삶은 우울함에 젖고, 노년의 삶은 슬픔에 젖는다.

Part 2

우리 모두에게
– 친구, 동료, 선배 같은 마음으로

성공의 유전자는
셀프서비스다

성공의 유전자는 셀프서비스다. 결국 내가 만들어 나가는 것이다. 팔자, 유전, 운명 그리고 학벌 따윈 성공의 툴(Tool)이 아니다.

운명은 뜻한 자를 위해 길을 비킨다.
좋은 대학 나왔다고, 높은 연봉 받는다고 성공하는 것이 아니라 끊임없이 노력하는 자에게 성공의 앞자리를 만들어 주기 때문이다.

남들이 부러워하는 좋은 학교, 남들이 부러워하는 좋은 직장에 있을 때 매너리즘(Mannerism)에 빠지지 말고 더욱더 절차탁마하는 용기가 있어야 한다.

대학이 성공의 바로미터가 아니요, 연봉이 인생 서열을 가르는 것이 아니다. 지금의 행동, 지금이 습관이 다가올 내 미래의 거울이기 때문이다.

돈, 쉽게 벌려고 하지 마라

쉽게 번 돈은 쉽게 날아간다.
쉽게 돈 벌려다 쉽게 망한다.
돈, 쉽게 벌려고 하지 마라.

쉽게 번 돈은 내 돈이 아니다.
내 삶은 '오직 땀 흘려 번 돈만 내 돈이다'라는 생각 하나만 가지고
살아왔다.

세상에 많은 재주 중에 돈 버는 재주란 없다.
때론 곰탱이처럼 미련하게, 때론 융통성 없는 답답한 사람이 될지라
도 적은 돈 쌈지에 담는 사람이 돈 버는 사람이다.

은행 이자도 필요 없다.
펀드 배당금도 필요 없다.
그저 내가 번 돈 아껴 쓰면서 오늘 만 원 벌고, 내일 이만 원 번다는

생각, 그 생각이 돈 버는 생각이다.

  쉽게 돈을 벌려고 허황에 들뜬 사람들, 자신이 노력한 것보다도 더 큰 돈 벌기를 바라는 사람들, 모두 한 번쯤 새겨들어야 할 말 같다.

진정한 승부는
직선이 아닌 곡선이다

누구나 고난 없는 행복한 삶을 꿈꾼다.

누구나 고통 없는 평온한 삶을 꿈꾼다.

그러나 인생의 지갑에는 고난과 고통, 사랑과 행복이 동시에 채워져 있기에 좋은 것만을 골라 사용할 수가 없다. 그것이 운명(運命)이다.

지갑의 돈은 떨어지면 다시 채울 수 있어도 인생이란 지갑 속에 있는 희노애락(喜怒哀樂)은 인간의 뜻대로 좋은 것만 채워 넣을 수 없다.

인생의 진정한 승부는 사랑과 행복을 누가 더 누리느냐의 싸움이 아닌 고난과 고통을 누가 더 슬기롭게 극복하는가의 싸움이다.

고난과 고통이 내 앞에 주어질 때 남을 원망하기보다도 고난과 고통이란 이름으로 찾아온 손님(?)을 따뜻하게 대접해 보내는 게 현명한 사람의 선택이다.

요즘 필자 주변에 보면 의아스러울 만큼 어려운 사람들이 부쩍 많이 보인다.

그분들에게 주제넘게 용기를 전하고 싶다.

아직 인생 끝난 게 아니니, 아직 살 날 많이 있으니 용기를 갖고 좀더 힘을 내자고……. 아파도 힘들어도 내 인생이니 끌어안자고…….

기다림의 미학 –
내일은 해가 뜬다

태양이 비추지 않는다고 불평하지 마라.
구름에 가려 비추지 못하는 태양은 외로우니까…….

나만 팔자가 사납다고 불평하지 마라.
너 어려운 만큼 남들도 어려우니까…….

햇볕이 비추지 않는다고 해가 세상을 사랑하지 않는 것이 아니요,
삶이 어렵고 힘들다고 세상이 나를 사랑하지 않는 것이 아니다.
외롭고 힘들다고 자책하지 마라.

기다림의 미학은 차분하게 기다리는 것,
기다림의 미학은 차분하게 내일을 준비하는 것,
그것이, 그런 마음이 햇볕 닮은 아름다운 사람의 마음이다.

라이선스가 살 길이다

면허(免許) 또는 라이선스(License)는 일반적으로 금지되어 있는 행위를 특정한 경우에 허가하거나, 특정한 권리를 설정하는 행정행위를 말한다. 여기까지는 면허에 대한 일반적인 상식을 이야기한 것이고, 여기서 요지는 '생활의 라이선스를 꼭 가져야 한다'는 이야기를 강조하고 싶다.

일반적으로, 면허증이 필요한 분야의 경우에 일을 하려면 반드시 자격증이 필요하지만 면허증이 필요 없는 분야는 자격증이 없어도 얼마든지 원하는 일을 할 수가 있다. 문제는 아무런 규제도, 법적 통제도 없는 생활의 라이선스가 왜 필요한지를 말하고 싶다.

생활의 라이선스는 본인이 본인 스스로에게 부여하는 자격증이다.
예를 들면 첫째, '대학에 왜 들어가는지? 왜 공부를 하는지?' 무슨 자격증을 취득하기 위해 대학에서 공부하는지 분명한 생각을 갖고 임하라는 것이다. 분명한 생각은 여러 가지로 말할 수가 있다. 공부를 통해 꿈을 이룬다든지, 공부를 통해 세상을 이롭게 한다든지, 공부를 통해 반드시 효도하는 자식이 되겠다든지 하는 큰 뜻을 자기 스스로 설정하라는 것이다. 그것이 '학생의 자격증'이다. 필자의 경우 지지리 못 살았던 어린 시절을 생각하며 어떻게든 나는 가난에서 탈피하겠다는 일념 하나로 공부를 했던 것 같다.

둘째는 '결혼을 왜 하느냐?'라는 것이다. 많은 사람들이 결혼식을 통해 부부가 한 몸이 되었음을 성혼선언을 했음에도, 살다 힘들면 서로 갈라지는 게 다반사다. 결혼할 때 한 번쯤 내가 결혼을 하면 심한 가정폭력이나 외도를 하지 않는 이상, 배우자의 잘못은 이해하겠다는 따뜻한 배려가 있어야 하지 않을까. 다 잘해주기 바란다는 것은 너무 큰 욕심이라고 생각한다. 내가 무슨 복이 있어 100점짜리 배우자를 만날 수 있겠나. 어쨌든 내가 만난 배우자가 적잖은 불만이 있더라도 나를 만나 결혼을 해준 고마운 내 배우자이기에 '내가 끝까지 사랑을 해주겠다'고 하는 마음, 그것이 바로 '결혼 자격증'이라고 생각한다.

미래에 다가올 가정사, 나도 쉽게 예견할 순 없지만 하루를 살든 백 년을 해로하든 배우자를 끝까지 사랑해주고 싶은 마음은 끝까지 가져가고 싶다.

셋째는 '왜 직장을 다니는가? 왜 창업을 하는가?'이다. 또 샐러리맨의 자격증, 창업의 자격증이란 무엇인가?' 하는 문제이다. 필자의 경우에는 '직장 생활을 할 때는 내가 몸담은 이 회사만 성장하면 된다' 하는 마음 하나뿐이었다. '내가 다니는 회사가 성장하면, 나는 그 열매를 따먹지 않고 미련 없이 그만두겠다'고 하는 생각을 했다. 그것이 창업의 모티브가 되었다. S 플랜트에서 직장생활 10년을 마감하고 미련 없이 창업의 길로 들어섰다. 창업을 한 후 여러 가지 우여곡절이 있었지만 '구부러지면 펴고 끊어지면 반드시 잇는다'는 마음 하나로 20년을 꿋꿋하게 걸어왔다. 힘들 때마다 '기업은 내 자식이다'라는 일념이 어려움을 극복하는 툴(Tool)이 되었고, 결국 그런 그 마음이 '창업 자격증'이 아니었나 하는 생각이다.

공부 자격증, 샐러리맨 자격증, 결혼 자격증, 창업 자격증을 남보다 먼저 갖고자 했던 마음이 불황을 이기는 성공 자격증이 아닐까.

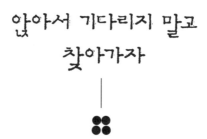

앉아서 기다리지 말고 찾아가자

성공, 앉아서 기다리지 말고 찾아가자.
돈, 앉아서 기다리지 말고 찾아가자.
사랑, 앉아서 기다리지 말고 찾아가자.
행복, 앉아서 기다리지 말고 찾아가자.

퇴근 후 연이어 삼일동안 운동을 해서 그런지 몸이 천근만근이다.

사우나에 갈까? 아니면 마사지를 받을까? 한참을 고민하다가 사우나로는 안 되겠다 싶어 결국 마사지 업소로 향했다. 입구에 들어서자 40대로 보이는 중국인 아줌마가 반갑게 맞는다.

마사지를 시작하며 "몸이 안 좋으니 살살해 달라"는 부탁을 했다.

아니나 다를까 손을 대는 데마다 쑤시고 아프다. 발끝부터 머리끝까지 근육이 뭉쳤나 보다. 시원하긴 했지만 통증이 이루 말할 수 없었다. 힘들게 등 쪽 마사지가 끝나고, 복부와 안면을 마사지를 하던 손이 잠시 멈춘다. 아주머니는 "그래도 사장님은 하는 일 잘 되나 봐요?" 하며 내게 한마디 던진다.

안 그래도 철강업이 불황이라서 요즘 가뜩이나 스트레스를 받는 중
인데 이게 뭔 소린가 했다. 아주머니 왈, "하시는 일은 뭔지 몰라도 몸
에 생기가 있다"고 말씀하신다. "스트레스 많이 받고, 건강 상태가 나
빠 기(氣)가 떨어지면 자기는 바로 알아본다"는 이야기를 에둘러 표현
하신 말씀이었다.

고객 기분 좋으라고 한 말이 아니었다. "한 가지 일을 오래 열심히
하다 보면 상대방이 보인다"는 말씀에 공감하였다. 마사지를 받으며
또 배우는구나. '맞아요. 그래서 열심히 사는 거예요. 누구나 자기가
하는 일을 3년만 미쳐서 열심히 하다 보면 상대방이 보이지요.'

마치 권투선수가 상대방을 보고 펀치를 날리듯, 상대방을 바로 읽어
내는 마음이야말로 비즈니스의 제1원칙이라 할 수 있겠다.

상대방을 읽고 '앉아서 기다리지 말고 찾아가자'는 마음만 있으면
불황 따윈 내게 문제될 것 없다. 문제는 최소한 3년이다. 미친 듯 3년
이라는 세월의 숙성 없이는 성공, 돈, 사랑, 행복은 결국 내 곁에 머무
르지 않음을 바로 알았으면 좋겠다.

지금 이 시간에도 시간은 간다. 가는 시간 따라 가을도 간다. 가을
은 가지만 내년에 또 다른 가을이 온다. 그러나 내 젊음은 한 번 가면
다시 오지 않는다. 이것이 지금 일어서야 하는 이유이다.

'앉아서 기다리지 말고 찾아가자.'

대박 쫓다 쪽박 찬다

∷

게으른 자는 대박을 쫓지만, 부지런한 자는 땀의 대가만을 바란다.

세월이 흘러 주변을 본다. 어쩌면 한결같이 대박을 쫓고자 했던 사람들은 모두 쪽박을 차고, 땀의 대가만을 바라며 열심히 산 사람들은 의외의 성공을 거뒀더라. 이것이 인생이다.

진정한 대박은 무엇인가? 결과를 보면 하루하루 주어진 삶 속에서 욕심 부리지 않고, 자신이 하는 일에 한결같이 정성을 쏟은 사람들이다. 성공한 사람들 뒤에는 보이지 않는 정성이 숨어있다. 그러나 자신의 욕망을 한 번에 빨리 이루려는 욕심과 조급한 마음 때문에 일을 그르치고 쪽박을 차는 경우가 많더라는 이야기다.

'정성보다 나은 기술 없고, 정성보다 나은 재주 없다.' 정성은 그 어떤 재주나 재능보다 앞자리에 선다. 아무리 좋은 기술이나 창의적인 아이디어가 있다 한들 정성 없이는 꽃피울 수 없다. '삶의 정성', 그것은 성공과는 뗄 수 없는 불가분의 관계라는 것을 배웠다.

꿈도 정성이 있어야 이룬다.

공부도 정성을 들여라.

밥도 깨끗이 정성으로 먹어라.

사랑도 정성을 들이고, 하는 일에도 정성에 정성을 더하라.

'성공의 시작도 정성이며, 성공의 끝도 정성이다.' 성공하려고 발버둥치기 이전에 자신이 원하는 일에 정성을 들이는 습관을 들이고, 이뤘을 때도 자만하지 말고 이룸에 정성을 더하라.

'내 삶의 정성이란? 내 삶의 플러스알파다.' 옛말에 "정성이 없으면 떡이 선다"는 말이 있다. 내게는 무서운 말로 들린다. 정성이라는 +α가 있느냐, 없느냐의 차이는 정말로 크다고 할 수 있겠다. 세월이 갈수록 정성이란 성공을 이루게 하는 결정적인 요소이자, 성공의 울타리가 된다는 사실이 더 큰 울림으로 다가오는 이유는 뭘까?

고엽을 씹는 마음으로……

●●

1948년 5월 14일은 유태인들이 로마제국에 의해 팔레스타인에서 쫓겨난 뒤 무려 1,800여 년 가까이 조국 없이 세계 이곳저곳에 흩어져 살고 있다가 마침내 민족국가로 재탄생한 건국기념일이다.

그래서 이스라엘 국민들은 매년 건국기념일이 되면 고엽(苦葉)을 씹으며 그날을 가슴에 새긴다고 한다.

고엽을 씹는 마음은 비단 이스라엘 국민만은 아닐 듯싶다. 우리 인생에서도 '할아버지할머니 때 못다 한 설움, 부모님 때에 이루지 못한 아쉬움이 있다면 내가 고엽을 씹겠다' 하는 마음이 선행되어야 할 것이다.

아버님을 일찍 여의고 학비를 스스로 벌어가면서 고생을 해야 하는 고학생(苦學生)의 신분이었지만 필자는 단 한 번도 현실을 원망해보거나 주눅 들지 않고 참으로 당당했던 것 같다. 누구나 학창시절 좀 더 누리고 싶고 즐기고 싶은 것이 인지상정이겠지만, 그럴 때 고엽을 씹으며 참는 마음이야말로 꿈을 가진 젊은이의 현명한 마음가짐이라 할 수 있겠다.

기성세대도 마찬가지다. 사업 실패, 사기, 가정불화 등 인생에서 겪지 말아야 할 일들이 너무 많이 산적해 있다. 그럴 때 낙심하지 말고 고엽을 씹는 마음으로 짧게는 3년, 5년, 길게는 10년 앞을 내다보고 차분히 인생을 재설계를 하는 마음이 그 무엇보다 필요할 듯하다.

인생은 길게 봐야 한다. 로마제국에 의해 나라를 잃고 1,800여 년만에 나라를 되찾듯, 한 가정을 행복하게 이루려면 10년, 20년이 걸린다. 조급한 마음에 쉽게 이루려 하는 것을 경계하고, 조금씩 좋아지는 모습을 보는 게 행복한 삶이다. 내 인생 곁에 스쳐가는 행복을 보는 것, 그것 또한 값진 것이니……

학다리를 잘라내라

●●
●

  요즘 들어 맹자(孟子)가 말한 무항산무항심(無恒産無恒心)이란 말이 마음에 많이 와 닿는다. 아마 주변에서 어려움을 겪고 있는 사람들이 의외로 많아서 그런 생각이 드는 것 같다.

  "항산(恒産)이 없으면 항심(恒心)이 없다." 생활이 안정되지 않으면 바른 마음을 견지하기 어렵다는 말은 젊었을 때는 피부로 와 닿지 않았었는데 나이 좀 들고 보니 '생활이 안 되면 사람 꼴도 안 될 뿐더러 바른 마음을 견지하고 살기도 참 어렵겠구나' 하는 생각이 절로 난다.

  '학다리가 길다고 뛰지 않으면 기는 개미 이기지 못한다.' 아니나 다를까 주위에 스펙 좋은 사람들 참 많다. 그러나 필자가 보기에는 모두 뛰지 않는 학처럼 보인다. 차라리 스펙이라도 없으면 체면불고하고 어디에선가 개미처럼 열심히 일할 사람들이 입만 살아서 말은 잘하고, 쉽게 돈 벌 수 있는 방법만을 궁리하니 참으로 한심한 일이 아닐 수 없다.

 학처럼 우아하게 젊은 날을 허비하기에는 너무 아쉽다. 과감히 학다리를 잘라내는 용기가 필요하다. 비록 작은 돈을 벌지라도 땀 흘려 버는 돈에서 행복이 묻어 나오고, 그 행복이 쌓여야 진정한 가족 행복이 온다는 사실이다.

 '앉아서 오는 가족 행복은 없다.' 우리 집에는 영원히 오지 않을 것 같은 가족 행복도 가족 구성원이 한마음 한뜻으로 개미처럼 일을 찾아 나설 때, 나도 모르게 '가족 행복'이란 햇살은 스며들 것이라 확신한다. 그런 아름다운 마음을 가진 사람들이 많았으면 좋겠다.

인생길 한 번 잘못 가면
돌아가기도 힘들다

인생길 한 번 잘못 가면 돌아가기도 힘들다.

인생길 작은 습관 하나, 세상을 살아가는 정신 상태 하나가 출발이 잘못되면 성공과의 격차는 세월이 갈수록 점차 벌어진다.

나이 들수록 가던 길을 계속 갈 수도 없고, 다시 원점으로 돌아갈 수도 없는 것이 인생길이다.

내가 잘못 가고 있다고 느꼈을 때 빨리 고난의 강을 헤쳐 나오는 용기가 없으면 결국 실패한 인생으로 전락할 수밖에 없다는 교훈이다.

누구나 한 번의 실수는 할 수 있다.

누구나 아닌 길을 참 길인 것처럼 속아서 갈 수도 있다.

문제는 아니란 걸 느꼈을 때 빨리 바른 길을 찾는 사람이 결국 성공한다는 사실이다.

누구나 절망이란 고난의 강에서 평생 허우적대며 한평생 눈물 흘리며 살라는 팔자는 없다. 다만 아파도 힘들어도 내 인생 여정, 언젠가 한 번쯤은 독한 마음을 먹고 고난과 맞서 싸우려는 용기가 필요하다 하겠다.

고난과 맞서 싸울 때! 그때가 바로 지금이다. 끝이 보이지 않아도 애써 페달을 밟는 사람만이 좋은 세상을 보여주는 게 조물주의 심통(?)이란 생각이 든다.

돈, 돈, 돈.
도대체 돈이 뭐 길래

돈은 핏줄과 같아서 인간의 정상적인 경제활동을 위해서 반드시 필요한 역할을 한다는 것은 주지의 사실이다. 오늘 아침에 어느 신문사의 '돈이 없으면 IQ까지 떨어진다'는 기사를 읽었다.

내용을 보니 스트레스, 특히 돈에 대한 스트레스는 IQ까지 떨어뜨리는 것으로 나타났다고 한다. 이는 우리 머리도 주파수의 대역폭과 비슷하기 때문에 우리의 두뇌에서 생각하는 데 활용할 수 있는 공간은 한정되어 어떤 한 가지 문제에 사로잡혀 골몰하다 보면 다른 것을 생각할 수 있는 공간이 점점 줄어들게 된다는 것이다.

사람들은 돈을 벌고자 아등바등한다. 이런 자연적인 현상은 돈이 스트레스 유발 인자를 만들고 스트레스는 인간의 의지력을 약하게 만들어 결국에는 자신도 모르게 사회 악(惡)과 쉽게 친해져 실패한 인생으로 전락하게 된다는 것이다.

멀쩡한 기계도 많이 사용을 하거나, 거칠게 사용하면 기계가 쉽게 고장이 나듯, 의지력도 한도가 있어 많이 쓰면 피로를 쉽게 느끼는 경향이 있는 것 같다. 사는 게 뭔지, 돈이 뭔지 원망을 하기 전에 작은 돈 귀하게 여기고, 작은 돈이지만 애써 벌려고 하는 습관이야말로 선(善)과 친해지는 성공의 습관이 아닌가 생각한다.

부자에게 물었다.
"어떻게 하면 당신과 같은 부자가 될 수 있는가?"
돌아오는 답은 간단하다.
"지폐를 쓰지 말고 접어서 주머니에 넣어."
한 번쯤 부자들의 습관을 따라 해 보는 것도 좋을 듯하다.

운명은 행동하는 자에게
길을 비킨다

흔히들 운명(運命)은 인간이 피할 수 없는 필연이라고 말한다.

그러나 필연도 인간의 의지에 따라 얼마든지 바꿀 수 있다고 생각한다. 인간의 길흉화복(吉凶禍福) 중 길(吉)함과 복(福)은 내 인생 곁에 두고, 흉(凶)함과 재앙(禍)은 조금씩 좋게 바꾸어 나가는 노력이 필요하다 하겠다.

사람들은 일이 안되거나 꼬이게 되면 혹, 자신이 더러운 팔자로 태어났거나, 안 좋은 운명으로 태어난 것이 아닌지를 먼저 의심한다. 제아무리 운명이 필연적이고 초인간적인 힘이 있다고 하더라도, 인간은 소우주(小宇宙)로서 자신이 처한 운명을 얼마든지 헤쳐 갈 힘이 있다고 생각한다.

따라서 운명(運命)이 인간에게 주어진 피할 수 없는 결정이란 말에 전혀 동의하고 싶지 않다. 그래서 필자는 운명을 겁쟁이라 말한다.

'운명은 겁쟁이와 같아서 심신이 나약한 자는 마냥 우습게 보고, 강한 자에게는 너그럽게 길을 보여주고, 행동하는 자에게는 순순히 길을 비켜주는 속성이 있다.'

팔자타령, 부모 원망, 사회 증오 한 번 하지 않고 오직 필자의 노력과 지속적인 행동을 신앙처럼 믿고 의지하며 살아왔다. 필자의 노력과 행동의 무게가 얼마인지는 계량할 수 없지만 분명한 것은 필자의 노력과 행동의 무게가 필자가 타고난 운명의 무게보다 더 크다는 사실을 경험을 통해서 배우게 되었다.

창업,
대한민국 부모님 전상서

●●

자식을 품 안에서 떨쳐버리는 용기가 필요한 시점에 대한민국의 부모들은 서로 앞 다퉈 자식들에게 사랑이란 포장지로 똘똘 싸매는 듯한 인상이다. 자식 둘 키우는 아빠이자 중소기업을 운영하는 CEO요, 또한 대학에서 기업가정신과 창업 교육을 하고 있는 교수의 입장에서 보면 참으로 안타까움을 금할 수 없다.

어느 기사를 보니 "당신의 아들딸이 창업하겠다고 하면 어떻게 할 것인가?"라고 묻는 질문에 무려 과반수의 부모들이 "창업 실패는 곧 개인 파산, 실패하면 재기가 어려운 게 한국 사회"라며 자녀의 창업을 반대했다고 한다.

창업 없는 대한민국은 결국 미래가 없는 대한민국이라 해도 과언이 아니다. "창업한다고? 얘야, 아예 입 밖에 거론도 말아라" 하는 풍토에서 과연 어떤 자식들이 도전이란 새로운 길을 개척해 나가겠는가. 이제 창업이란 용어조차 낯선 풍경이 되고 말았다.

무엇이 대한민국의 부모들이 사랑스러운 자녀들의 도전정신을 '안정'이라는 포장지에 감싸는 역할을 했는지……. 물론 이러한 풍토가 조성되기까지는 여러 가지 국가의 창업 지원 시스템이 불안정하고 제도적으로 창업 실패자를 위해 재기의 발판을 마련하는 순기능이 부여되어야 하는데 아직은 부족함이 많은 것을 인정하지만, 그렇다고 시도조차 꺼리는 풍토는 빨리 개선되어야 할 것으로 보인다.

때마침 정부도 '청년들을 혁신형 창업으로 이끌 정책이 필요하다'고 느끼고 청년 창업 지원을 강구하는 한편, Yes 리더십 강좌와 청년 멘토단을 구성하는 등 다양한 프로그램과 혁신 정책을 통해 창업 열기를 확산시키려 부단히 노력 중에 있다.

자녀가 무한도전에 나설 수 있는 용기, 창업에 대한 자신감, 두려움을 극복하는 방법, 기업가정신의 갑옷을 일찍부터 입는 습관 등 여러 가지 현행 문제점은 지속적으로 보완을 해야겠지만, 창업 열기만은 어떠한 경우이든 멈추지 말아야 한다고 생각한다. 백 번을 강조해도 창업 없이는 국가의 미래도 없기 때문이다.

상처 입은 나무에 옹이가 배기듯 '사업 실패는 인생 실패가 아니다'라는 인식의 전환이 필요하다고 본다. 무엇이 두려운가? 사업이란, 아픈 실패나 뼈저린 실수의 경험을 통해 배우고 성장하는 법이다.

내 자식만은 고생 안 시키고 편하게 살게 해주고 싶다는 부모의 마음은 십분 이해하지만, 안정을 희구하는 부모의 잘못된 사랑이 능력 있는 자녀의 잠재력을 썩히는 일이 된다면, 그것은 국가나 개인 모두의 불행이라 할 수 있기 때문이다.

부모라는 울타리를 걷어내라

흔히들 '젊음은 아름답다'고 말한다. 그러나 필자는 이 말보다는 이왕이면 '꿈이 있는 젊음은 아름답다, 울타리를 걷어 낸 젊음은 아름답다'라는 표현에 더 후한 점수를 주고 싶다.

예컨대 우리가 '젊음이 아름답다'라고 말하는 이유는 비록 가진 것이 없어도 꿈을 꾸고, 그 꿈을 이루기 위해 열정이 살아 숨쉬기 때문이 아닐까 하는 생각을 해본다.

그런 점에서 볼 때 젊은 날의 꿈은 세상 그 어느 것과도 바꿀 수 없는 참으로 보석보다 소중한 것이라는 걸 새삼 실감하게 된다.

'꿈을 꿔봤자 뭐하느냐? 꿈이 밥 먹여주냐?'라며 냉소를 짓는 젊은이가 있다. 그는 꿈도 없고, 무언가 하고 싶은 욕심도 없다면 그런 청춘들에게 무슨 할 말이 있겠는가!

'피터팬 증후군'이란 말이 있다. 이는 몸과 연령이 성인이지만 영원히 어린아이로 남고 싶어 하는 사람들을 일컫는 심리 현상이다. 1970년대 임상심리학자 D. 카일리 박사가 미국에서 어른들 사회에 끼어들지 못하는 '어른아이' 남성이 등장한 현상을 보고 '피터팬 증후군'이라 이름을 붙였다.

'니트족(NEET族 - Not in Employment, Education or Trainning)'이라는 신조어도 등장했다. 이는 학생도 아니고 직장인도 아니면서 그렇다고 직업 훈련을 받지도, 구직 활동을 하지도 않는 사람을 일컫는 말이다.

모두 듣기 싫은 용어다. 필자는 이런 사회적 현상이 부모의 지나친 기대와 부모의 '대리 욕구'에서 발생한 현상들이라고 생각한다. 부모가 내 자식만큼은 남보다 귀하게 키워보려는 욕심이 젊음을 병들게 하고 있다고 할 수 있다. 부모의 지나친 관심과 보호는 많은 피터팬과 니트족만을 양산할 뿐이다.

'자식이 스무 살이 되면 내 품에서 떠나보내야 한다.' 자식을 사랑한다는 이유로 자식을 감싸본들 그 자식은 사회에 대한 두려움만 커지게 된다. '두려움은 성공의 암이다.' 어떠한 경우든 두려움과 스스로 독립하려는 의지 없이는 '경쟁 사회'의 승자로 살아남지 못한다는 것을 알아야 한다.

실수도 하고 실패의 눈물도 흘려보는 게 젊음이다. 자신의 맵(Map)을 그려보지도 못하고, 자신을 탐색하고 스스로 능력과 잠재력을 검

중해볼 기회를 갖지 못하는 젊은이들을 볼 때 마음이 아려온다.

무엇이 그토록 젊음을 두렵게 만든 것일까? 부모의 조바심, 부모의 기대치? 그것이 뭐가 그리 중요하단 말인가? 스스로 험한 사회에 홀로 나와서 부딪혀도 보고, 내동댕이도 쳐지는 경험이 나중에 이 사회에서 원하는 리더의 소중한 자양분이 될 수 있을 것이다.

'가정은 꿀 발라놓은 행복 삶터가 아니다.' 가정이라는 울타리, 부모라는 울타리에서 벗어나야 진정한 행복을 추구할 수 있다. 당당히 나와라. 자신감을 가지고 의연하게 도전하라. 세상은 힘든 것도 많지만, 애써 부딪혀 노력하는 자에게 성공이란 달콤한 대가를 지불해 왔다.

필자는 스무 살이 넘는 자식에게는 언제나 가르침보다는 배움으로 다가서곤 했다. 부모라는 쓸데없는 책임을 내세워 가시밭길을 치워주기보다는 자식이 자기 스스로 가시밭길을 헤쳐 가는 모습을 멀리서 지켜보는 인정머리 없는 아빠가 되곤 했다.

인정머리 없는 아빠……. 때로는 야속하게 보일지 몰라도 '미리 아파해본 놈이, 미리 울어본 놈이 성공하는 세상이 되어버린 지 오래되었다'는 사실을 알기에, 우선은 아파도 그것 또한 부모가 기꺼이 감수해야 할 '통과의례'임을, 일찍이 아버님을 여의고 고학(苦學)을 통해 깨달은 삶의 교훈 때문일 것이다.

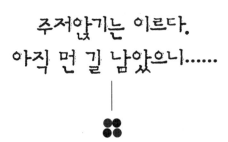

제아무리 불황의 골이 깊어 일을 해도 해도 빚만 늘어난다고 푸념을 해도 주저앉기는 이르다.

아직 내가 가야 할 먼 길이 남았으니……

옛날에는 '개천에서 용난다'고 했다. 그러나 요즘에는 모래사장에서 용 난다.

일과 씨름하고 배움과 씨름하는 선수가 되어야지 무작정 큰 것 한 방을 기대하는 선수는 인생 오비(Out of Bounds) 내기 딱 십상이다.

인생 홀인원 기대하지 마라.

홀에 가깝게 붙이는 노력을 열심히 한 사람만이 우승할 수 있는 자격을 가진 사람이니…….

앉아서 신세타령하지 마라

●●
●●

많고 많은 지인 중에 유독 영혼이 맑은 사람이 있다. 매일매일 보고 싶어도 지방에 살기에 잘 만나지 못한다. 어제는 그 사람이 어깨를 축 늘어뜨린 채 네게 찾아왔다.

평소 아무 걱정 없이 잘 사는 것처럼 보였던 지인이기에 더 더욱 무슨 일인지 궁금했다. 갑자기 들은 뜬금없는 이야기에 무엇을 어떻게 위로해야 하나? 약간은 혼란스러웠지만 커피 한 잔을 마시며 차분히 그의 얘기를 들어보았다.

평소 같으면 그토록 당당하던 사람이 오늘은 완전히 딴 사람이 된 듯하였다. 왠지 풀이 죽어 있다. "에이고, 얘기하면 뭐 해요. 해결 방법도 없는 거……' 하며 말끝을 흐렸다. 무언가 많이 심각하구나! 생각하면서도 그냥 태연하게 받아들였다. 차 한 잔 앞에 놓고 자초지종을 들어 보았다.

집안 이야기를 들어보니 그랬다. '애들 둘 키우면서 자기는 나름대로 참 열심히 살았는데 이제 와 생각해보니 지난 세월 참 바보같이 산 것 같더라'는 이야기였다. 애들이 어렸을 땐 몰랐는데 막상 아이들이 크고 보니 자기가 여태껏 살아온 삶이 참으로 허망하게 느껴지더라는 이야기를 했다. 이야기를 듣고 보니 누구나 불혹의 나이를 먹고 나면 한 번쯤 경험하는 이야기를 그 친구가 하고 있었다.

'그래 맞아! 누구나 그 나이 되면 인생이 허망하게 느껴지니까……' 혼잣말을 되뇌었다. 강하게 이야기를 해주어도 그 친구가 받아들이지 못하면 공염불이 되기에 말을 아끼고 "힘내! 세상엔 너보다 더 고통스러운 사람 쌔고, 쌨어!" 하면서 어깨를 툭 쳤다.

말로만 듣던 하우스푸어의 실상이었다. 감당하기 벅찬 이자와 거기에 내년부터는 아이들 대학 등록금까지 추가로 부담해야 할 입장에서 소득은 제자리이니 가장의 고뇌는 그만큼 커질 수밖에……. 슬퍼할 수 없는 현실이 내 현실이 되고 만 형국이다.

가만히 이야기를 들어보니 앞날을 생각하지 않고 사람 노릇 다하며 살아온 것 같다. 이제부터는 다소 사람 노릇(?)을 하지 못하더라도 현실에 맞는 가계 소비행위를 해야 한다. 사정은 딱하지만 그렇다고 남의 도움이나 도둑질을 할 수도 없지 않은가.

이제부터라도 앉아서 신세타령만 할 것이 아니라, 부부가 합심해서 슬기롭게 헤쳐 갈 방법을 강구하여 살아야 한다.

자식 키우는 부모 누구나 다 그런 과정 속에서 아이들 대학 보내고, 자식들 시집 장가보내며 살아왔다. 그것이 나만의 고통이라면 슬프다. 그러나 남들도 남모를 고통 속에 살아간다. 비록 지금의 현실이 고달프다고 해서 누가 나서서 해결해 줄 사람, 아무도 없다. 오히려 주어진 현실에 감사하며 힘을 내는 수밖에 도리가 아닐까 하는 생각을 해본다.

이런 부모 마음을 자식들은 알까? 오늘따라 멀리 유학을 떠난 막내 아이가 보고 싶다.

아낄 것과
아끼지 말아야 할 것

●●

성공을 하려면
분명 아낄 것과 아끼지 말아야 할 것이 있다.
과연 아낄 것은 무엇이며, 아끼지 말아야 할 것은 무엇인가?

[아낄 것]

전기
물
자연환경
시간
·

·

·

[아끼지 말아야 할 것]

꿈을 향한 열정
땀방울
사랑
배려
고객서비스
·

·

·

당신은 무엇을 아끼고, 무엇을 아끼지 않으렵니까?

정성은 재능보다 강하다

정성은 재능보다 강하다.

정성은 학벌보다 강하다.

정성은 '빽'(Background)보다 강하다.

세상이 힘들고 어려울수록 헤쳐나가는 강력한 무기는 정성밖에 없다. 절박한 마음, 간절한 마음을 담은 정성이야말로 세상을 움직이는 큰 힘이라 할 수 있다.

정성이야말로 자신의 운명을 바꾸는 마이더스의 손과 같다. 내 인생! 혈연, 지연, 학연도 없다거나, 남에 비해 그 어떤 재능이나 재주도 없다고 원망하지 마라. 학벌이 없고, 주변 환경이 열악함이 오히려 장점으로 부각될 테니까……

좌절하지 마라. '빈손'이라는 척박한 땅에 '간절한 마음'이란 새싹이 돋고, '아무 재주도 없다'는 연못에 '정성'이란 물고기가 자라게 되어 있다. 남보다 내세울 것 하나도 없다는 것은 어찌 보면 나에게 새로운 기회가 될 수 있고, 인생의 찬스가 된다는 것을 알아야 한다.

무엇을 두려워하는가, 무엇을 부러워하는가. 내가 살아가는 인생이 뭐가 그토록 두렵고, 남의 인생이 뭐가 그리 부럽단 말인가. 두려워 말라, 부러워 말라. 두려움과 부러움의 끝은 오기다. 제 까짓것 모두 내 정성 아래에 있다고 생각하고 오기와 자신감을 가져라.

이제라도 삶의 애착과 내 삶에 대한 정성을 들이는 습관이 필요함을 인식하고 내 인생에 정성을 들이고, 내가 하는 일에 정성을 들이는 습관을 가져보자. 나에게는 배부른 자가 갖지 못한 정성이 있다고 생각하고 그 생각을 행동으로 옮겼으면 한다.

'정성 하나면 다 된다.' 필자는 그렇게 배워왔고, 또 현실에서 직접 느끼고 실천을 했다. 남보다 가난한 집안에서 태어났고, 배우지 못해 배움이 부러웠던 시절을 겪으면서도 기가 죽지 않았다. 부족했기에, 가진 게 없었기에 사람을 만날 때 정성을 다 해 만났고, 샐러리맨 시절에는 모르는 것이 많으니 맡은 일이나 잘하려고 정성을 다 해 노력을 했고, 사업을 할 때는 가진 것 없으니 고객에게 정성이나 다 하자는 마음으로 덤벼들었다.

'10년 정성이면 세상에 못할 게 하나도 없다.' 가슴으로 느끼고, 현실로 체험한 소외다. 재능은 정성을 이기지 못한다.

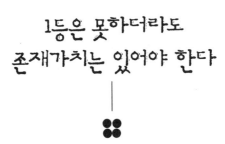

자신이 어느 곳에 있든지 나 자신의 존재가치는 있어야 한다.

내가 있어 웃음을 주는 사람인가? 눈물을 주는 사람인가?
내가 있어 행복을 주는 사람인가? 불행을 주는 사람인가?
내가 있어 이익을 주는 사람인가? 손해를 주는 사람인가?

과연 내가 존재가치가 있는 사람인지?
한 번쯤 겸허히 자신을 돌아봐야 할 것이다.

가치란 인간의 욕구를 만족시킴으로써 즐거운 감정을 불러일으키는
것이다. 모두가 욕구를 충족시키는 삶을 살아가고 누구나 즐거운 감
정을 주는 사람이라면 얼마나 좋겠는가!

그런 점에서 모두에게 1등을 원하지 않는다. 다만 내가 있음으로 가
족이 행복하고, 회사나 조직의 활력과 분위기만 깨지 않는다면 일단

그것으로 훌륭하다는 생각이 든다.

　내가 있어 내 주변이 행복하다면 그것이 충분한 존재가치요, 바로
그것이 내가 사는 존재의 이유라는 걸 알아야 하겠다.

　그런 점에서 나의 존재가치는 몇 점일까?

건방진 사람이 성공한다

남들은 필자에게 말한다. "사업하다가 망하면 재기하기 힘들다던데 어떻게 그렇게 훌륭하게 재기를 했느냐?"라고……. 그리고 "어려운 와중에도 그간 해 온 일이 참으로 존경스럽다"고 말씀들을 하신다.

필자는 그럴 때마다 얼굴이 붉어진다. 그러면서도 필자는 '아닌데……. 건방진 얘기 같지만 의당 재기할 수밖에 없는 입장이고, 재기는 당연한 것을 한 것뿐인데……'라는 남들과 다른 조금 건방진 생각을 가지고 있었다.

살면서 건방진 것도 때로는 필요한 것 같다. 건방진 것도 따지고 보면 곧 나만의 자신감의 표출이다. 재기를 향한 강한 몸부림 속에서도 필자는 출발부터 달랐다. 재기(再起)에 대한 생각부터 남들과 달랐다.

'그동안 내가 열심히 살았다면 재기를 할 것이고, 내가 남들보다 열심히 살지 않았다면 재기할 수 없으리라. 따라서 나는 100% 재기할 수 있다'는 자신감이 필자를 건방지게 했다. 생각은 건방지게, 몸은 겸손하게, 손발은 부지런히……. 재기는 앉아서 슬퍼하기보다는 힘들 때 한 번 더 몸을 움직이는 행동의 결과일 뿐이다.

건방지다는 것은 '뻔뻔스럽고 주제 넘은'의 뜻으로 무례함을 나타내는 것이다.

'타인에 대해서 건방진 것은 아니 된다. 그러나 자신에 대해서는 건방을 떨어라.' 꿈도 건방지게 갖고 어려운 일에 부딪혀도 나는 헤쳐 나갈 수 있다는 건방진(?) 생각을 하라. 자신에 대해서 예의바른(?) 사람은 성공할 수 없다.

재기란? 생각을 역량이나 능력 따위를 모아서 다시 일어나는 것을 말한다. 자신의 역량이나 능력을 과소평가해서는 세상에 그 무엇 하나도 이룰 게 없다. 자신의 역량이나 능력에 대해서 건방진 사람이 성공을 거머쥔다고 볼 수 있겠다.

내가 보는 세상이
세상의 전부가 아니다

‥

[큰 그릇이 될 것인가, 고만 고만한 그릇이 될 것인가?]

'내가 보는 세상이 세상의 전부가 아니다.' 세상에는 배우고 또 배워도 부족함이 많은 것인데 어찌된 것인지 요즘 주변을 보면 나 홀로 세상을 다 아는 냥 거드름을 피우는 사람이 참 많은 것 같다.

주위를 둘러봐도 모두가 똑똑한 사람뿐이다. 다 잘난 사람뿐이다. 나이가 들수록 이런 현상이 더해지는 것만 같다. 참으로 안타까운 일이다. 그리 아는 척 큰소리를 쳐야 자기가 살아 온 인생이 빛나는지 그건 모르겠지만 무엇 하나 자기 생각하고 다르면 남의 생각이 들어갈 틈을 안주니……. 오직 그 사람에게 해줄 말은 딱 한가지다. "니 잘난 대로 살아."

익을수록 고개를 숙이는 자연의 지혜가 아쉬운 세상이다. 자신이 똑똑한 척, 잘난 척, 다 아는 척 해야 직성이 풀리는 사람들 앞에 무슨 말이 필요할까? 말 그대로 유구무언(有口無言)뿐이다.

'스스로 부족함을 알 때 인생은 채워지는 법이다.' 무릇 인생은 부족함을 알아야 채워진다. 작은 종발에 물이 채워졌다고 거드름을 피우기보다는, 내 그릇을 키워 매사 부족함을 채우려는 사람이 현명한 사람이다. 다시 한 번 자신의 그릇을 냉철히 바라보는 겸손함이 있어야 할 것이다.

자고로 세상은 부족함을 알고 채우려는 사람에게 성공의 앞자리를 허락해 왔다. 지금부터라도 부족함을 알고 자신이 모르는 것을 배우고, 귀로 들으려는 연습을 하자. 인생이란, 배우고 또 배워도 보지 못한 세상이 많은 게 현실이니까.

세상에서 제일 좋은 칭찬은?

自신이 슬프고 힘들 때 스스로를 제일 먼저 토닥거려 주고 사랑해 줄 사람은 나 자신이다.

[세상에 제일 좋은 칭찬은 나 자신에 대한 칭찬이다.]

어떤 사람이 성공한 사람인가?
어떤 사람이 행복한 삶을 살아가는 사람인가?
결론부터 말하면 세상에서 제일 성공한 사람, 행복한 삶을 살아가는 사람은 바로 자기 자신을 많이 칭찬하는 사람이다.

사람들은 남에 대한 칭찬도 인색하지만 자기 자신에 대한 칭찬은 너무도 인색하다.
'칭찬은 가능성을 낳는다'는 것이 필자의 소신이다.

남에 대한 가능성의 발굴도 중요하지만 나 자신의 가능성을 찾는 일을 소홀해서는 안 된다.

이제부터라도 나 자신의 가능성을 찾고자 한다면 자기 자신에 대한 칭찬부터 서둘러야 한다.

존 F. 케네디는 "열등감과 자기비난에 시달리는 사람은 주변을 어둡게 만든다"라고 말했다.

소설가 조지 매튜 애덤스는 "아무리 위대하고, 유명하고, 성공했다 할지라도 누구나 찬사에 굶주려 있다. 격려는 영혼에 주는 산소와 같다. 격려 받지 못하는 사람에겐 훌륭한 일을 해내리라고 기대할 수 없다. 어느 누구도 칭찬 없이 살아갈 수 없다"라고 말했다.

주변을 어둡게 만들며 살 것인가?
주변을 환하게 밝히며 살 것인가?
우리가 알아야 할 첫 번째 대상은 '나 자신의 칭찬부터 시작된다'는 사실을 알아야 하겠다.

웃을 일 있을 때만 웃는
사람은 미련한 사람이다

⸬

작겟! 시도 때도 없이 웃어라.

작은 일에도 감사하며 웃어라.

감탄사를 연발하며 웃는 사람, 그 사람이 멋쟁이다.

웃어야 웃을 일도 만들어진다.

사람 '참! 실없다' 해도 괜찮다.

사람 '참! 가볍다' 해도 괜찮다.

실없으면 어떻고, 가벼우면 어떠하리…….

웃어도 웃는 게 아니라고 '요즘 같은 때 웃을 일 있어야 웃지'라고 말한다.

그래도 깔깔깔 웃어야 한다.

'웃음은 고정관념 깨질 때 나는 소리다.'

웃을 일이 있어야 웃는다는 고정관념을 깨지 않으면 평생 웃을 일이 없다.

힘들어도 하하, 속상해도 하하. 큰소리로 웃자.

내가 웃어, 내 웃음이 재생산되고, 내가 웃어, 내 주변이 따라 웃을 수 있다면 바로 그 사람이 이웃에게 행복을 주는 향기 나는 사람일 테니 말이다.

게으른 자에게는
'리스크 테이킹'이 필요 없다

미래를 꿈꾸며 정진하는 사람.

가슴에 뜨거운 도전의 열정이 가슴속에 꿈틀대는 사람.

창업에 대한 관심과 열의가 있는 사람.

이런 사람에게만 리스크 테이킹(Risk Taking ; 위험 감수)이란 단어가 어울리는 것이다.

위험 속에 기회 있고, 그 기회를 내 것으로 만드는 것이 우리가 원하는 성공이다.

'도전은 아름답다!' 도전이 아름답다고 말하는 것은 도전 속에는 언제나 위험이 있고, 그 위험과 싸워 이긴 자에게만 그에 합당한 성과물을 준다는 사실 때문이다.

역설적으로 안일하게 인생을 허비하는 사람들에게는 기회가 자라지 않는다.

쉽게 성공을 탐하려는 사람들, 그들에게는 사기와 눈물 그리고 때

늦은 후회와 좌절만 있을 뿐이다.

성공이란, '도전과 위험'의 레일 위를 달리는 열차이지 안일과 나태
의 레일을 달리는 열차가 아니기 때문이다.

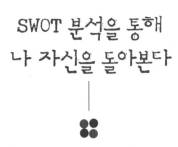

SWOT 분석을 통해
나 자신을 돌아본다

SWOT 분석으로 자신만의 경쟁력을 끌어내자.
[Strength, Weakness, Opportunity, Threat]

SWOT 분석이란? 기업의 내부 환경을 분석해 강점과 약점을 발견하고, 외부 환경을 분석해 기회와 위협을 찾아내 이를 토대로 강점은 살리고 약점은 보완, 기회는 활용하고 위협은 억제하는 마케팅 전략을 수립하는 것을 의미한다. 이때 사용되는 4요소를 강점·약점·기회·위협(SWOT)이라고 하는데 이 중 강점과 약점은 경쟁기업과 비교할 때 소비자로부터 강점, 약점으로 인식되는 것이 무엇인지, 기회와 위협은 외부환경에서 유리한 기회, 불리한 요인은 무엇인지를 찾아내 기업 마케팅에 활용하는 것을 말한다.

PGA 통산 77승의 위대한 업적을 쌓은 타이거 우즈였지만 사생활 관리에 실패하여 자칫 선수의 생명을 잃을 뻔했지만 아널드파머대회 2타차 우승으로 보란 듯 세계 1위를 탈환하고 우승컵을 들어 올렸다.

2년 5개월 만에 돌아온 황제의 위용을 과시한 우즈에게 많은 갤러리들은 아낌없는 박수로 축하를 해주었다.

타이거 우즈의 경우 아래의 SWOT 분석(한국경제신문 기사 참조)을 통하여 재기에 성공을 하였고, 또한 앞으로도 부동의 세계 1위를 지키는 데도 큰 역할을 할 것으로 믿어 의심치 않는다.

이처럼 인생이란 여러 가지 굴곡이 있게 마련이다. 더욱이 요즘처럼 변화의 주기가 빨라지고, 변동의 폭이 클수록 자신을 감정과 약점 그리고 기회와 위협이 되는 요소가 무엇인지를 정확히 진단한 후 진로를 선택하는 기민함이 그 어느 때보다 필요하다고 본다.

때로는 인생이 본인의 의지와 상관없이 어려움을 겪기도 한다. 하여 인생은 잘 나갈 때는 잘 나가는 대로, 꼬일 때는 꼬이는 대로 자신이 처한 상황에 맞게 올바른 처신을 하는 지혜가 필요하다고 본다.

창업이나 기업 마케팅을 할 때만 SWOT 분석이 필요한 것이 아니라 진학이나 취업 그리고 슬럼프 탈출에도 SWOT 분석이 유용하게 활용되어졌으면 한다.

나 때문에 남 눈물 흘리지 않게 하라

∷

나로 하여금 남의 눈에 눈물이 고이지 않게 하라. 세상에 태어나 남을 도와주지는 못할망정 남을 힘들게 하거나 남에게 눈물을 흘리게 해서는 아니 된다.

우리 모두는 빚쟁이다. 내가 원하던 원하지 않던 우리는 태어나면서부터 부모님에게 빚을 졌고, 성장한 국가에 빚을 졌고, 함께 사는 이웃에 빚을 졌다.

평생 제아무리 열심히 살아도 빚을 다 갚지 못하고 가는 인생. 결국 차용증 없는 부채(?)를 떠 앉고 가는 게 인생이다. 내 사랑하는 가족, 내가 사는 우리나라, 내 이웃을 위해 빚 갚는다는 심정으로 조금 더 배우려 노력하고, 조금 더 열심히 일한다면 참으로 가치 있는 일이리라.

나 혼자의 행복과 내 개인의 부귀영화를 위해 일한다기보다 '우선

나, 그 고귀한 존재가치를 확인하고, 나의 존재가치에 걸맞는 일을 찾아 열심히 한다'는 어른스런 생각……. 그것이 나도 행복하고, 더불어 내 이웃도 행복한 창조적 사고(創造的 思考 ; Creative Thinking)요, 혁신적 사고(革新的 思考)가 아닐까?

기업가정신,
창조경제가 살 길이다

●●
●●

CEO는 융합 또는 새로운 결합을 통하여 새로운 것을 성취하는 사람이자 이를 더욱 발전시켜 나가는 사람이다. CEO의 두 얼굴을 가져야 한다. 하나는 새로운 것(The News)을 창조하는 것이고, 다른 하나는 낡은 것(The Old)을 파괴하는 것이다.

'창조'는 새로운 융합을 말한다. 소비자의 욕구, 고객의 가치를 충족시켜 나갈 새로운 것을 찾아 나서는 정신이요, '창조경제'란 창의력, 상상력, 과학기술 등을 기반으로 새로운 국가 성장 동력을 만들어 새 시장과 새 일자리를 확대 창출하자는 것이다.

변화 없이 혁신 없고, 혁신이 없이 새로운 패러다임을 창조할 수 없고, 새로운 것을 창조해내는 능력이 없는 경제활성화란 헛된 수사에 불과할 뿐이다. 백 번을 이야기해도 지금은 변화의 시기다. 굶주린 사자가 먹이를 구하듯 절박함이 없으면 당장 새끼가 굶어 죽고 나아가 밀림의 맹수로서 자격도 없음을 알아야 한다.

지금은 간절함과 절박감이 필요한 때이다. 다시 한 번 정치, 경제, 사회, 문화 등 사회 전반을 아우르는 상생의 리더십과 헝그리 정신이 그 어느 때보다도 필요한 시점인 듯하다.

세상이 나를 우습게 봐도
낙심하지 말자

●●

[가진 인생보다, 뛰는 인생이 아름답다.]

돈 없다고 우습게 본다. 가방 끈이 짧다고 우습게 본다. 나이가 어리다고 우습게 본다. 키 작다고 우습게 본다. 중소기업 다닌다고 우습게 본다. '빽' 없다고 우습게 본다.

세상 별걸 다 가지고 사람을 우습게 본다. 참 치사하다. 따지고 보면 아무것도 아닌 백지 한 장에 불과하거늘 조금 앞서 간다고, 남보다 조금 가졌다고……. 마치 무슨 대단한 면류관이나 쓴 것처럼 생색내기 바쁜 세상이다.

우습게 본다고, 굳이 따지고 대드는 것도 '시간 낭비요, 공력 낭비'라는 생각이 든다. 남이 나를 우습게 본다고 화를 내면 지는 거다. 슬퍼도 그것이 현실이니…… 하고 웃어넘기자. 세월 지나서, 그때 내 인생이 우스워진다면 그때 울어도 늦지 않으니…….

지금 저들이 재잘대는 소리에 귀 기울이진 말자. 그들의 비아냥거림에 일희일비하지 말자. '먼저 된 자가 나중 되고, 나중 된 자가 먼저 된다'는 말씀을 가슴에 넣고 당당하게 살아가자. 누가 나를 우습게 봐도 내 안에 당당한 꿈이 있다면 나는 이미 부자다. 그런 배짱 있는 사람들이 많았으면 싶다.

일이 바빠서 배울 시간이 없다. 천만에······

‘일과 배움’은 사람의 양 발과 같다. 사람이 앞으로 나아가기 위해서는 양 발을 이용해서 한 발, 한 발 앞으로 걸어가야 한다. 세상을 향해서 앞으로 나가는 것. 그것은 도전이요, 전진이다. 전진을 할 때는 두 발로 걸어야 한다. 두 발로 걸어도 부족한 판에 인생을 한 발로 걸어가는 모습을 자주 본다. 모두 바쁘다는 이유에서다.

‘일하는 것도 힘든데 배움은 무슨 배움이냐’는 식이다. 그러나 역설적으로 생각해 보면 일하기 ‘힘드니까 배워야 한다’는 것이다. 지금의 환경에서 더 나은 미래로 도약하기 위해서 반드시 배워야 한다는 이야기다.

‘바쁠수록 배워야 한다. 힘들수록 배워야 한다. 나이 들수록 배워야 한다.’ 바쁘고 힘들다고 한 발로 세상을 살아 갈 수 없다. 성공과 행복은 두 발로 온전히 걸을 때 내 것이 된다. 한평생 ‘내 소득의 10%는 배움에 투자한다’는 철든 생각 하나가, 나를 우일신(又日新)하는 사람으로 만들어 주었다.

여러 가지 일로 바쁘고 때론 체력적으로 지칠 때가 더러 있다. 그러나 참고 이겨낸다. 요즘에도 기타를 배우고, 태권도를 배운다. '배움이 내 행복 파이를 키워준다.' 그래서 그런지 요즘 같은 불황에도 행복한 미소가 떠나지 않는다. 배움은 한쪽의 공허함을 메워주는 삶의 보약인 듯싶다.

[배움 속에 찾아 온 철든 남자의 생각]

'시간은 쓸수록 나온다. 시간은 샘물과 같아서 퍼낼수록 나온다. 시간은 샘물과 같아서 고이면 썩는다. 게으른 사람일수록 시간이 없다.'

인생은 짧다. 내가 게으름을 피워도 될 만큼 그리 한가하지 않다. 도둑 중에 상도둑은 시간 도둑이다. 시간 도둑 뒤에 돌아오는 것은 후회라는 단어밖에 없다.

'세상 되는 게 없다' 하고 앉아서 푸념하며 소주잔과 친할 시간에 '일과 배움 삼매경'에 빠지는 철든 사람들이 많았으면 한다.

인간관계의 성패는 '미움'과 '믿음'에서 출발한다

••

인간관계에서 평소 아무리 잘하다가도 한 번 미움을 갖기 시작하면 인간관계는 실패로 돌아선다. [100 – 1 = 0]

그러나 평소에 잘하는 사람이 거기에 온전한 믿음 하나를 더하면 인간관계는 더블로 돈독해진다. [100 + 1 = 200]

뭘 그리 답답해하십니까?

뭘 그리 가슴 아프게 생각하십니까?

역지사지(易地思之) 생각해 보면 다 별일 아닌 것을…….

미움은 다툼을 낳고, 다툼은 불행을 낳습니다.

믿음은 사랑을 낳고, 사랑은 행복을 낳습니다.

누구를 의심하거나 미워할 때는 신중해야 합니다. 한 번 남긴 상처는 두고두고 서로 아픔이 되곤 합니다. 남이 미울 때 내뱉는 입보다는 먼저 자기 자신을 돌아보는 역지사지(易地思之)의 지혜가 필요한 때입니다.

　'미움'은 멀쩡한 사람도 죽게 만드는 사약(死藥)이라면, '믿음'은 병든 자도 낫게 하는 명약(名藥)이기 때문이다.

항룡유회(亢龍有悔)는
내 인생의 '안전변'이다

‧‧

항룡유회(亢龍有悔)라는 말은 '하늘 끝까지 올라간 용은 내려갈 길 밖에 없다'라는 뜻이다. 오르고 또 오른 인생 머지않아 내려갈 것을 뻔히 알면서도 기를 쓰며 욕심을 부린다. 아니 될 일이다. 온갖 부귀영화나 권세, 자고나면 허망한 일이다.

폭발할 위험이 있는 가스기기에도 반드시 안전변(Safety Vent)이란 부품을 필수적으로 부착한다. 이는 기기에 가스가 차고 오르면 상승된 내부 압력을 해소하려는 안정장치이기 때문이다.

인간도 마찬가지다. 항룡유회의 교훈처럼 말에 안전변, 행동에 안정변, 욕심에 안전변을 달아 차고 넘치지 않도록 해야 한다. 스스로 벤트(Vent)하지 못하면 내가 망가진다. 그러니 스스로 삼가고 스스로 버리는 용기가 필요하다.

"너무 높이 올라가면 존귀하나 지위가 없고, 교만하기 때문에 자칫 큰 것을 잃게 된다. 일을 할 때에는 적당한 선에서 만족할 줄 알아야지 무작정 밀고 나가다가는 오히려 일을 망치게 된다"는 공자(孔子)의 말씀이 필자를 뒤돌아보게 한다.

변화에 순응하고, 지위가 높을수록 겸손을 잃지 말며, 스스로 분수를 알고 만족하는 삶이 인생에 이롭다는 교훈이야말로 나를 위한 메시지로 다가서는 느낌이다. 차면 기우는 달을 보듯, 밀폐된 창을 여는 마음이 내 마음이었으면 좋겠다.

참으로 이놈의 욕심! 있어도 탈, 없어도 탈이다.

리더의 조건
(고생을 달게 받는 리더가 되자)

누구에게나 리더로 산다는 것은 부러운 일이기도 하지만, 반면 리더는 자신이 성장한 만큼 심리적인 중압감과 스트레스로 적지 않은 대가를 치르기도 한다.

'진정한 리더'는 나 자신의 사리사욕에 의해 움직이지 않는다.
나보다는 조직을 위해 희생하고, 나보다는 가족, 더 나아가 이 사회를 위해 자신을 기꺼이 희생하려는 숨은 정신이 있기에 가능하다. 리더가 되고자 하는 사람은 자신보다 남을 배려하는 정신이 자신의 마음 밭에 깔려있는지를 먼저 점검해야 할 것이다.

존경받는 리더의 5가지 조건은,

1. 꿈이 명확하게 설정되어 있는 리더
2. 배움의 의지가 확고하여 높이 올라갈수록 더 배우려는 리더
3. 자신이 하고 있는 일에 대해서 전문가(쟁이)가 되려는 리더

4. 말보다는 행동으로 보여주는 리더

5. 인연을 소중히 하며 나보다는 우리, 나보다는 함께 행복을 나누려는 리더

누구나 리더가 될 수 있다. 그러나 존경받는 리더가 되기 위해서는 해야 할 일이 많다. 그 첫 번째가 고생이고, 두 번째도 고생이요, 셋째도 고생이다. 고생(苦生) 길, 고난(苦難) 길을 두려워하는 자는 미리 리더의 길을 포기하는 게 좋다.

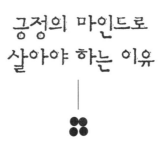

긍정의 마인드로
살아야 하는 이유

사내는 눈물에서 멀어져야 한다. 에너지를 갖는 전지도 음(−)과 양(+)이 있듯, 하물며 인생에 슬픔과 기쁨이 왜 없겠는가?

가난한 집에 태어났으면 빈곤을 대물림하지 말고 내가 열심히 살아서 빈곤을 탈출하라는 사명을 부여 받았노라고 생각하라.

돌 머리로 태어났으면 내가 남보다 10배, 100배 노력해서 먹고살라는 사명을 받았노라 생각하라.

못생기게 태어났건, 작게 태어났건 이것 역시 상관할 것 없다.

살아있음이 축복이요, 남보다 더 열심히 살라는 팔자를 갖고 태어났다는 것 자체가 축복이다. 천천히 가면 어떠랴. 더디게 가면 어떠랴. 내가 조금이라도 앞으로 갈 수 있음이 행복이고 또한 꿈이 멀리 있으니 갈 길 또한 멀리 있는 것 아닌가!

갈 길 멀리 있는 것은 축복이다. 축복을 곁에 두고 나의 단점을 울면서 하소연해봤자 헛수고다. 나의 슬픔을 목 놓아 토로해봤자 나만 초라해진다. 세상 그 누구도 나를 위로하는 자 없으니 나 스스로 내 안에 긍정의 에너지를 찾아 부단히 노력하는 길밖에 없다.

슬픔은 안개와 같다. 안개 낀 날 앞이 잘 보이지 않는다고 투정 대는 어린아이와 같이 지금 내 앞이 보이지 않는다고 희망을 버리는 사람이 없었으면 좋겠다.

세상에서 제일 미련한 사람

∷

[세상에서 제일 미련한 사람]

도와주고 도와줬다고 생색을 내는 사람은 미련한 사람이다.

진정 도와주려거든 도와주는 순간 자신이 베푼 것을 잊어라.

도와줬다고 생각하는 순간 그것이 원망이 되고, 병이 된다.

아무 바람 없이 도와 준 사람이 잘되면 좋은 거지, 그걸로 된 거지 그 사람이 나에게 보답 안한다고, 서운하다고 욕하는 것은 아무리 봐도 미련하다는 생각밖에 들지 않는다.

내가 상대방을 도와주고, 도와준 만큼 무언가 받으려 한다면 차라리 도와주지 마라. 진정한 사랑은 내림 사랑이다. 나에게 사랑을 받은 만큼, 나에게 도움을 받은 만큼 나 이외에 또 다른 사람에게 내림 사랑을 실천할 수 있다면 그것만으로도 큰 행복이다.

알량한 도움을 주고 생색내기를 좋아하는 사람, "그놈이 그럴 수 있어?" 하고 징징대는 사람, 이 말을 새겨들었으면 좋겠다.

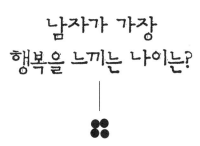

남자가 가장
행복을 느끼는 나이는?

남자가 행복을 가장 많이 느끼는 나이는 37살 즈음이라는 연구 결과가 발표되었다.

★ 행복을 주는 3대 요소는

1. 안전성 - 직장에서 어느 정도의 위치(대리, 과장급)
2. 일상생활 - 스포츠, 레저 등 인생의 재미 풍부
3. 장기적 헌신 - 가족을 꾸렸기 때문
(37세에는 중년의 위기를 겪을 인생의 내리막을 들어선 나이도 아님과 동시에 결혼도 하고 아이도 낳고 사회에서 어느 정도 존경을 받고, 성과도 거둘 만한 나이)

★ 어느 때가 가장 행복했는가? 설문조사를 한 결과

1. 아버지가 되었을 때(43%)

2. 결혼(35%)

3. 좋아하는 스포츠팀이 우승할 때

4. 새 집을 살 때

★ 일상생활에서 행복을 느끼는 순간은

1. 좋아하는 메뉴의 점심을 먹을 때

2. DVD, 옷 혹은 전자기기를 살 때

3. 친구와 놀러 다닐 때

4. 장난을 칠 때

열심히 살아보겠다는 일념(一念) 하나로 살아왔지만, 한편으로는 필자의 인생 허허실실 깔깔대다 보니 어느새 50(知天命)에 들어섰다.

공자(孔子)는 논어(論語) '위정(爲政)'편에서 "나는 열다섯에 학문에 뜻을 두었고, 서른 살에 섰으며, 마흔 살에 미혹되지 않았고, 쉰 살에 천명을 알았으며, 예순 살에 귀가 순했고, 일흔 살에 마음이 하고자 하는 바를 따랐지만 법도에 넘지 않았다"라고 했다.

15세를 지학(志學 − 학문에 뜻을 둔다),

30세를 이립(而立 − 인생을 세운다),

40세를 불혹(不惑 − 미혹되지 않는다),

50세를 지천명(知天命 − 하늘의 뜻을 안다),

60세를 이순(耳順 − 귀가 순리대로 들린다),

70세를 종심(從心 – 법도를 어기지 않는다)

– 논어(論語) ‘위정(爲政)’편에서……

인생의 후진(Reverse ; R)은 없다. 다시 서른일곱의 나이로 돌아갈 수 있으면 참 좋으련만 신은 지천명의 나이에 리버스 기능을 부여하지 않았다. 하지만 젊은이는 다르다. 누구나 노력만 하면 행복을 누릴 자격을 가지고 있는 사람들이다.

이 땅에 선 청년들이여! 내일의 축복 스러운 날이 다가오고 있다.

지금부터 다가 올 그날의 주인공이 되기 위해 지학(志學)하고 이립(而立)하는 노력을 게을리 하지 말아야겠다.

서비스가 춤추는 세상

—

∷

무언가 하나를 성공하려면 특화된 장점 하나는 있어야 가능하다. 기술이 있던지? 맛을 내는 노하우가 있든지? 신선하고 청결한 것이 있든지? 가격경쟁력, 즉 값이라도 싸든지? 아니면 서비스가 훌륭하든지? 나만의 특화된 장점 하나쯤은 있어야 성공하는 세상이다.

어제는 모처럼 물세차를 하기 위해 세차장에 갔다. 그동안 아파트 주차장에서 출장세차만 하던 터라 세차요금도 잘 모르고 살았다. 세차하시는 모습을 보니 마치 자기 차인 냥 구석구석 친절하게도 닦아주신다.

"세차비 얼마예요?" 말이 끝나기 무섭게 "2만 원입니다"라고 말한다. 나는 속으로 '아직 안 올랐네' 하면서 지폐 2장을 건네주었다.

돈을 받은 세차장 사장님은 아무 말도 하지 않은 채 연신 자신의 돈지갑만 뒤적인다. '뭐하시나?' 하고 쳐다보는데 갑자기 내 손에 서비스쿠폰 1장을 쥐어 주신다. "이거 5개 모으면 세차 한 번 그냥 해드려요.” 나는 정중히 손사래를 쳤다. “아뇨 됐어요. 사장님이나 돈 많이 버세요. 너무 성의 있게 잘해 주시네요” 하면서 쿠폰을 받지 않았다.

쿠폰 1장은 4,000원에 해당하는 적지 않은 돈이었지만, 세차하는 정성이 고마워 받지를 않았는데 세차 사장님은 서운한 듯 나를 향해 한마디 하신다. “사장님은 고마워서 받지 않으신다고 말씀하시지만, 저 역시 고객님들 때문에 번 돈이기에 번 돈의 일부를 고객님께 돌려 드리기 위해 쿠폰을 드리는 겁니다”라고 말씀하신다.

나는 세차 사장님의 얼굴을 빤히 보고 웃으며 양손 엄지를 추켜들었다. “와우! 멋지세요!”

‘맞아! 저런 정신으로 세상을 살아가면 나도 기쁘고 고객도 기쁠 텐데⋯⋯.’ 쿠폰을 받지 않고 돌아가는 길, 뜻밖의 좋은 서비스를 받아서 일까? 석양빛을 뒤로 하고 내 마음은 환하게 웃고 있었다. 차만 닦았을 뿐인데 왜 내 마음이 덩달아 춤을 추는지⋯⋯. 기분이 너무 좋았다.

인생은 '하레마' 같은 것이다

●●

얼마 전 집 앞 송도신도시에 있는 '하레마(Harema)'라는 사케바(Bar)에서 지인들과 술 한잔을 나눈 적이 있다. 가게에 들어서면서부터 예쁜 간판이 멋스러워 보였다. 비록 화려하지는 않지만 정감 있는 인테리어에 조용하고 아늑한 분위기……. 또한 손님들의 격(格)에 맞는 친절한 서비스와 깔끔하고 맛있는 요리……. 모처럼 지인들과 함께 편안함의 여유를 즐겼던 것 같다.

참 편안해서 좋았던 그곳 はれま(하레마)는 말 그대로 '구름 사이로 보이는 푸른 하늘'이라는 뜻을 가진 말이다. 어찌 보면 인생을 닮았다고나 할까?

사랑도, 성공도, 인생도 우리는 시커먼 구름 사이를 걷고 있다. 그러면서 투정을 한다. '도대체 언제나 푸른 하늘이 보이고 햇살은 언제나를 비출까?' 하면서 말이다. 하지만 초조해 하지 마라. 사람은 무심할지언정, 정녕 푸른 하늘은 무심하지 않으니까…….

우연히 길을 가다 정겹게 만난 '하레마'처럼 인생도 열심히 살다 보면 좋은 일, 기쁜 일, 웃는 일이 참 많을 텐데 그것을 못 참고 괴로워해서야 어찌 인생의 구름을 걷어 낼 수 있을까?

　한 잔, 두 잔 오가는 술잔에 취기는 오르고 추적추적 내리는 비에, 내 마음의 초조함을 시구하듯 날려버리는 행복한 밤이다.

　'구름 사이로 보이는 푸른 하늘', 그것은 단순히 푸른 하늘이 아니라 이 불황에 우리가 '의무적으로 가져야 할 희망(希望)'이라고 말하고 싶다.

좋은 사람을 만나려면……

오늘도 어김없이 인생 2막(PM 7시 ~ PM 12시 자유시간)의 시간이 시작되었다. 늘 그렇듯 인생 2막은 비즈니스 관련 지인들과 어우러져 비즈니스도 하고, 배움도 즐기고, 신나는 운동도 하고, 맛있는 식사와 함께 간단한 여흥을 즐기기도 한다.

필자에게 있어 '인생 2막'은 하루의 피로와 스트레스를 풀고 삶에 새로운 열정과 자신감을 충전하는 데 좋은 시간이다.

인생 2막의 분위기가 달아오를 즈음 난데없이 필자를 향해서 질문이 들어 왔다.

"저기요. 좋은 사람 만나려면 어떻게 해야 하나요?" 갑작스런 질문인지라 당황되었지만 평소 소신 대로 "음~ 좋은 사람 만나려면 답은 간단해요. 내가 좋은 사람이 되면 돼요"라고 말했다. 너무 간단한 답이 될지 모르겠지만, 평소 필자만의 자기관리법이다.

그 말은 또 평소 필자의 자녀교육법이다. 내가 좋은 사람이 되면 내 곁에 자연스럽게 좋은 사람이 모이게 되어 있다. 내가 열심히 사는 모습을 자녀에게 보이게 되면 자녀들은 부모님의 그림자를 보고 따라오게 되어 있다. '콩 심은 데 콩 나고, 팥 심은 데 팥 난다.'

'좋은 사람 만나려면, 내가 먼저 좋은 사람이 되어라.'
'훌륭한 자녀 만들려면, 내가 먼저 좋은 아빠가 되어라.'
'좋은 직원 만나려면, 내가 먼저 좋은 CEO가 되어라.'

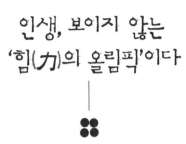

인생, 보이지 않는
'힘(力)의 올림픽'이다

인생 폼 나게 즐기라고 외친다. 왜? 한 번뿐인 인생 소중하니까…….
끝없이 배움을 갈구하라 외친다. 왜? 배움은 곧 인생 폼 나게 사는
힘이 되니까…….

단, 하루를 일해도 사장처럼 일을 하라고 외친다. 왜? 그렇게 해도
성공하기 힘든 세상이니까…….

인생이 보이지 않는 '힘(力)의 올림픽'이라면 성공이란 종목은 보이지
않는 힘을 내 안으로 끌어당기는 사람이 한판승을 거둘 수 있게 만
들어 놓은 게임이다.

인생 폼 나게 즐기려는 생각, 배움에 대한 끝없는 갈망, 단 하루를
일해도 주인처럼 일하려는 생각. 이 3가지는 모두 인생 한판승을 얻기
위한 훈련일 뿐이다.

세상 날로 먹는 게 없다. 보이지 않는 힘을 내 안으로 끌어당기는

사람이 되자. 모른다고 하지 말고 어떻게 하면 되는지를 생각하고, 안 된다고 하지 말고 할 수 있는 방법을 찾는 일. 그것이 우리가 해야 할 일이다.

장사 잘되는 집은
뭐가 달라도 다르다

⬤⬤

'자영업의 몰락.' 돌파구가 보이지 않는 자영업자들이 신음하고 있는 가운데에서도 유독 손님 많기로 소문난 삼겹살집이 있다 하여 어렵게 그 집을 찾았다. 듣던 대로 손님이 많이 있었다. 이리 저리 둘러보니 마침 빈자리 하나가 있어 무작정 앉으려는데 종업원이 급히 달려온다. "손님, 저 죄송한데요. 저기 계신 분들이 다 대기 손님들이라 밖에서 조금만 기다려 주셔야 될 것 같습니다" 하고 말한다. 머쓱해서 일어나려는데, 순간 이마에서 상의 티셔츠까지 땀에 흠뻑 젖은 종업원의 미소가 참으로 예뻐 보였다.

'내 가족이 먹는 것처럼 국산 신선한 음식만 제공합니다'라는 플래카드가 한눈에 들어온다. 20여 분을 기다리다 어렵게 자리 하나를 얻었다. 얼마나 맛있어 이렇게 손님이 많을까? 호기심마저 발동한다.

잠시 후 지글지글 익어가는 삼겹살에 와인을 곁들여 마시니 가히 맛이 일품이었다. '역시 소문은 빠르구나!'

직업은 못 속인다고 맛있게 먹는 와중에도 이 집이 왜 잘되는지 3가지를 찾아내는 습관이 발동했다.

레이더망에 걸린 3가지는 첫째, 그날그날 아무리 손님이 많아도 일정량만을 파는 고집이다(그래야 신선한 고기를 제공할 수 있으니……).

둘째, 사장부터 종업원까지 친인척 같은 마음으로 서빙 하는 모습이 보기 좋았다(확인결과 실제로 친인척이 아니었음).

셋째, 오늘 준비한 고기가 다 팔렸다고 뒤늦게 오는 손님들을 정중히 돌려보내는 마음(쉽지 않은 일이지만 단골고객을 위해 예의를 다하는 모습이 아름다웠다)이었다.

※ 성공적인 자영업을 위한 성공 팁(Tip) : 종업원의 3가지 유형

유형 1 : '알바'처럼 일하는 사람
유형 2 : 인척처럼 일하는 사람
유형 3 : 주인처럼 일하는 사람

자영업의 성공조건을 보면 여러 가지가 있겠지만, 그래도 성공의 무기는 역시 사람. '유형 2'와 '유형 3'의 철든 직원이 내 옆에 얼마나 있느냐의 싸움이 결국은 자영업 성패(成敗)의 열쇠라 해도 과언은 아닐 듯싶다.

원인을 알아야 해결책이 나온다

'원인을 알아야 해결책이 나온다.' 지극히 평범한 말이다. 그러나 이 말 속에 성공의 키워드가 숨어있다고 볼 수가 있다. 원인을 모르고 무작정 메스를 들이대면 몸만 상한다.

사람이 병이 들고 아프면 아픈 원인을 찾은 다음에 올바른 처방(초음파, C/T촬영, X-RAY 등……)을 받고 치료를 해야 병을 고칠 수 있다. 운동선수들 역시 슬럼프에 빠졌을 때 혹독한 훈련이나 연습을 통해서 슬럼프의 원인을 찾고 정상 컨디션을 찾게 된다. 그렇다면 정신(精神)이 병이 들고, 꿈이 병이 들었을 때는 어떻게 해야 하는가? 그것이 숙제이다.

필자의 경우에는 인생의 어려움이 있을 때마다 배움과 일에 푹 빠져서 생활을 하다보면 인생의 어떠한 어려움도 슬기롭게 극복했던 것 같다. 정신(精神)이 병이 들고, 꿈이 병이 들었을 때는 무엇인가에 푹 빠져보는 것이 상책이었다. 아무런 생각 없이 배움과 일에만 푹 빠져 그

위에 세월의 무게를 더하다 보니 마음의 병도, 미래에 대한 불확실성의 병도 씻은 듯 나아짐을 느꼈다.

배움 속에 길이 있고, 열심히 일하는 땀 속에 내가 원하는 인생의 해답이 있음을 오랜 세월이 지난 후 깨닫게 되었다. 참으로 고맙다. 매사 힘들고 짜증스러울 때 조급함을 떨쳐버리고 묵묵히 배우며 일을 했던 지난날의 모습……. 그것이 결국에는 만사형통의 비결이었던 것 같다.

인생, 무엇이 그리 두려운가

하늘이 무너져도 솟아날 구멍이 있다고 들었는데 그 말이 틀림이 아님을 알았다.

필자는 실제로 하늘이 무너져 내리는 아픔을 겪었다.

처음에는 '이제 끝장이구나' 하고 탄식이 흘렀지만 결국 필자는 죽지 않고, 보란 듯 더 푸르게 살고 있음을 세월이 지난 후 알았다.

지금 하늘이 무너져 내리는 슬픔에 잠겨있는 분들, 멀지 않아서 하늘이 무너져 내릴 환경에 처할 분들, 혹시 내게 하늘이 무너져 내릴 슬픔이 오지 않을까 미래를 두려워하는 분들……

필자의 경험을 반면교사(反面教師)로 삼아 모두들 힘을 냈으면 좋겠다. 하늘이 무너져도 본인 안에 살아있는 의지는 꺾지 못한다. 그것이 하늘이 무너져도 웃음을 잊지 말아야 할 이유인 것이다.

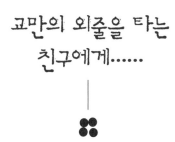

교만의 외줄을 타는
친구에게……

혹시 내가……. 혹시 나도…….

교만의 외줄을 타는 사람은 아닌지? 한 번쯤 자신을 돌아 볼 필요가 있다.

자신이 전문가인 냥, 자신만이 조직에 큰 기여를 하고 있는 것마냥 거드름을 피우는 사람들이 참 많은 것 같다.

한 번쯤 자신을 돌아보는 현명함이 있어야 하겠다.

'너 없이도 회사 잘 굴러갔다.'

'너 없이도 대한만국 꿋꿋하게 잘 굴러갔다.'

친구야, 너 없으면 세상이 무너질 거라는 과도한 걱정은 삼가줬으면 좋겠구나.

요즘 날씨도 더워 짜증이 나는데 교만의 외줄을 타고 거들먹거리는 친구가 참 많다는 생각이다.

일을 쉽게 대하는 사람은
인생도 쉽게 대한다

●●

똑같은 일을 해도 일에 정성을 들여 일하는 사람이 있고, 그저 아무런 생각 없이 일하는 사람이 있다. 똑같은 일을 해도 두 발을 딛고 일하는 사람이 있고, 외줄을 타듯이 한 발로 일하는 사람이 있다.

일을 대할 때 쉽게 대하지 마라. 무슨 일을 하든지 일은 신앙처럼 정성을 다하고 두 발 온전하게 딛고 일을 하는 습관을 들여야 한다. 한 발을 빼고 성의 없이 일하는 것, 그것은 일에 대한 모독이라 할 수 있겠다.

어떠한 경우든 일은 신성한 것이다. 회사가 맘에 안 들든, 상사가 맘에 안 들든 그것을 참고 견디는 것이 인생이다. 그런 일은 누구나 통과의례처럼 다 경험했던 일이기에……

굼벵이처럼 기어가도
전진은 전진이다

●●

자신의 모습을 확 바꿔 새롭게 하는 것, 그것이 혁신(革新 ; Innovation)이다.

그러나 아무리 좋은 혁신이라 할지라도 지속과 전진이 없으면 무용지물이다.

한방에 큰 것만을 바라는 사람들,
확 바꾸려다 작은 것도 바꾸지 못하는 사람들,
멀리만 뛰려다 작은 걸음도 못 뛰는 사람들,
제발 굼벵이로 돌아갔으면 싶다.

남들이 비웃는 느림보 굼벵이라도 지속과 전진의 엔진만 장착하면 남보다 멀리 그리고 빨리 갈 수 있다는 생각, 그것이 진정한 혁신(革新 ; Innovation)이다.

핸드폰은 성공의 무기다

●●
●●

'똑같은 칼이라도 잘 쓰면 삶에 유용한 도구가 되지만, 잘못 사용하면 흉기가 된다'는 이야기가 있다. 핸드폰도 마찬가지다. 혁신의 아이콘이 되어버린 핸드폰은, 이제는 없어서는 안 될 삶의 필수품이 되어 버렸다. 통신수단과 PC기능이 추가되어 이제는 핸드폰 하나면 못하는 것이 없을 정도로 되어버렸으니 참으로 놀라운 기적이라 할 수 있겠다.

이런 유용한 기기를 사용하면서도 우리는 간과하는 일이 많은 것 같다. 성공의 중요한 무기가 손에 들려있는데도 이것을 유용하게 활용하지 못하고 바보 도구로 사용하고 있으니 큰일이다. 필자에게 있어 핸드폰은 비즈니스의 필수요, 인적 네트워크의 중요한 수단으로 활용되고 있다.

첫 번째로 꼽으라면 어떤 일이 있어도 감사의 인사를 하는 일이다. 비즈니스의 '감사의 인사'란 새로운 영업의 시작이다. 꼭 필요한 마음가짐이라 하겠다.

두 번째는 축하와 위로의 문자를 통하여 기쁨을 배로 하고, 슬픔을 반으로 나누는 일을 한다.

세 번째는 격려이다. 삶에 희망이 없거나, 외로움의 그늘이 있는 곳을 찾아 함께 하는 일이다. 손가락 하나의 부지런이면 얼마든지 희망의 메시지를 상대방에게 줄 수 있기 때문이다.

핸드폰의 수많은 기능들……. 아직은 기계치라서 많은 기능은 활용하지 못하지만, 기본적인 기능만으로도 얼마든지 성공의 유용한 무기로 잘 활용할 수가 있다. 옛날에는 TV를 '바보상자'라 했다. 그러나 지금은 핸드폰이 그 바보 역할을 대행하고 있다. 귀중한 시간 버리기 좋고, 몹쓸 것 탐하기 좋고, 범죄와 게으름의 온상이 되기도 한다. 참으로 안타까운 일이다. 선(善)한 것을 선(善)한 곳에 활용하지 못하고, 엉뚱하게 시간과 공력을 낭비하는 일. 그것은 바보나 할 짓이기 때문이다.

마른 논에 적당히 물 줘서는 물이 고이지 않는다

[마른 논에 물주기]

가뭄에 농심(農心)이 타 들어 간다. 갈라질 대로 갈라진 논에는 적당히 물을 뿌려본들 절대로 물이 고이지 않는다. 야속하게도 가뭄의 땅은 농부의 땀방울은 아랑곳하지 않고, 충분히 물을 받아들일 만큼 받아들인 후에야 논바닥의 물고임을 허락한다. 농부는 이 마음을 알기에 손바닥이 벗겨지는 아픔 속에서도 하늘을 원망하지 않고 물대기를 계속한다. 그것이 농부의 마음이다.

마른 땅에 물이 고이려면, 갈라진 땅이 촉촉해질 만큼 물이 스며든 다음, 그 이후부터 물이 고인다. 겨우 땅이 촉촉해질 정도의 노력으로 물이 고이기를 바란다면 큰 오산이다.

흔히들 '간에 기별이 안 간다'는 말을 한다. 간에 기별조차 가지 않게 노력을 해놓고 불황을 극복하려는 사람들이 많은 것 같다. 아니 될 일이다. 우리가 사는 세상, 생각보다 참 어렵다. 아니 앞으로가 더 어려울지도 모르겠다. 이럴 때일수록 초심으로 돌아가 노력에 노력을 더하는 마음이 그 어느 때보다 간절하다 하겠다.

지금보다 땀을 더 흘리려는 마음 없이 내 인생 절대로 물이 고이지 않을 것이기에 말이다.

리더는 한결같은 사람이다

리더의 덕목은 언제나 한결같은 사람이다.
리더는 흐트러지지 않는 사람이다.
리더는 흐트러졌다가도 금세 추스른 사람이다.

리더의 덕목은 언제나 한결같은 사람이다.
바닷물은 한시도 출렁임을 멈추지 않는다.
스스로의 자정능력(Self-Purification Capacity ; 自淨能力), 그것이 만년이 가도 썩지 않는 바다의 비결이다.

리더는 흐트러지지 않는 사람이다.
어떤 상황 하에서도 중용(中庸)의 덕목을 실천하는 사람과 중심이 있어 쉽게 일희일비(一喜一悲)하지 않는 사람, 그 사람이 진정한 리더다.

리더는 흐트러졌다가도 금세 추스리는 사람이다.

완벽하다고 꼭 리더라고 볼 수는 없다.

인생사 실수도 하고 때로는 잘못을 저지를 때가 있지만 그것 못지않게 중요한 것은 잘못을 했을 때 그것을 인정하고, 곧바로 자신을 추스른 사람이다.

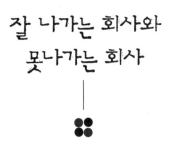

잘 나가는 회사와
못나가는 회사

잘나가는 회사는, 조직의 훌륭한 성과는 하위 직급(팀원)에게 내리 사랑을 하고, 안됐을 때 책임은 상위 직급이 감당하려고 하는 미덕이 있으나, 못나가는 회사는 성과에 대해서는 상위 직급으로 올라갈수록 철저히 자신의 공을 내세우려 하면서도, 잘못된 책임에 대해서는 이유 여하를 막론하고 철저히 하위의 직급으로 전가하는 악습이 있다.

직장인이라면 꼭 명심할 일이 있다. 그것은 지금 내가 다니는 회사가 잘나가든 못나가든 그것은 둘째 문제다. 잘나가는 회사는 잘나가는 대로, 못나가는 회사는 못나가는 대로 모두 다 배울 것이 많다는 것이다. 잘나가는 회사보다 생존 경쟁에서 살아남으려고 아등바등 대는 회사일수록 비록 몸은 힘들어도 역으로 배울 것이 많다는 것을 알아야 하겠다.

'문제는 미래다.' 지금은 별 탈이 없지만 '5년, 10년 뒤에 내가 어떤 포지션에서 어떤 일을 하느냐'가 문제인 것이다. 지금 힘을 기르지 않으면 5년, 10년 뒤 영광은 없고 무거운 책임만 내 어깨를 짓누를 것이 뻔하다. '세상은 야속하게 약자에게만 책임을 전가하는 옳지 못한 속성이 있다.' 그 함정에 쏙 빠지는 못난이가 되지 말아야겠다.

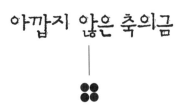

아깝지 않은 축의금

[인쇄 인사와 마음의 인사]

결혼식에 참석하지 못하고 축의금만 보냈다. 의당히 직접 찾아가 축하를 해드려야 하는데 선약 때문에 찾아뵙지 못해 마음이 무거웠는데 감사장 하나에 무거운 마음이 한꺼번에 풀렸다.

매번 받아보는 식상한 '감사의 인사' 대신 '마음의 인사'를 받은 것 같아 기분이 너무 좋다. 한 장의 인쇄물 정도로 여겨 보지도 않고 그냥 버리던 감사장이 작은 정성 하나로 이렇게 고맙고, 미안한 마음을 갖게 한다.

작은 정성 하나가 내 마음을 춤추게 한다. 이처럼 '모든 일에는 성의가 있어야 하겠다.' 축의금을 통하여 좋은 것 하나를 배웠다. 같은 '감사의 인사' 우편물 하나도 인쇄물 여백에 직접 친필로 '감사의 인사'를 전하는 마음은 받는 사람으로 하여금 진한 고마움을 느끼게 한다.

아무것도 아닌 것처럼 느껴지는 '인쇄 인사'와 '마음의 인사'의 차이
는 이처럼 받는 사람 입장에서 보면 이렇게 천지 차이라는 사실을 새
삼 느꼈다. '남하고 똑같은 것은 싫다. 남과 달리 작은 정성 하나를
더하는 마음', 그것이 성공의 작은 습관이 아닐까?

내가 커야 그림자도 커진다

[어느 이웃님의 안부 글에 대한 답장 내용입니다.]

블로그는 내 인생의 그림자입니다.

내가 커지면 그림자도 커집니다.

블로그 역시 그림자처럼 예쁜 내 인생의 흔적이 될 것입니다.

오늘도 공부건 일이건 내 생에 주어진 삶을 열심히 살아가십시요.

그 곁에 이웃으로 함께하고 싶습니다. 늘 파이팅^^ 하세요.

공부하는 학생들, 공부할 때는 힘들어도 '내가 출세를 해야 나와 내 가족이 행복하다'는 큰 생각.

사회생활 하는 직장인들, 지금은 힘들어도 '내가 성공해야 내 가족, 내 이웃이 행복하다'는 큰 생각.

사업하는 CEO들, 어떤 어려움이 있어도 '경쟁에서 이겨야 내 직원, 내 고객이 웃는다'는 큰 생각.

오늘도 무엇을 하든 '나만 살겠다'는 옹졸한 생각보다는 '나로 하여금 더불어 행복해지자'라는 큰 생각 속에 땀을 흘리는 사람들이 많았으면 좋겠다.

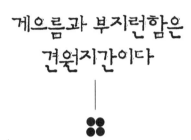

게으름과 부지런함은
견원지간이다

게으름은 부지런함을 탓하고, 부지런함은 게으름을 미워한다.

내 마음속에는 게으름과 부지런함이 함께 동거(同居)를 하지만 이들은 언제나 견원지간(犬猿之間)이다.

원수처럼 적당히 타협할 수 없는 두 마음이다.

문제는 이 두 마음 중 나 자신은 어느 편에 서느냐에 따라 나의 미래가 결정된다는 사실이다.

요즘 불경기의 파고는 예상보다 험하다.

지금이야말로 나는 게으름의 편인가? 부지런의 편인가? 한 번쯤 자신을 냉철히 돌아보는 용기가 필요한 시기라 하겠다.

상사가 미운 이유

신입사원으로 들어가 처음 직장생활을 할 때 그때는 상사가 참 미웠습니다.

세월이 지나 중견간부로 성장했을 때 그때는 회사 임원들이 참 미웠습니다.

가득 찬 불만 속에 보낸 20대를 뒤로 하고, 금세 다가 선 30대. 30대가 되니 세상을 다 아는 것처럼 기고만장 자만이 싹트더라구요.

그럴 즈음 30대 중반에 창업을 했습니다.

세월이 흐르고 나서 가슴을 쓸어내립니다.

왜냐구요?

사실 그때는 자신감만 하늘을 찌르는 위험한 창업이었기 때문입니다.

창업의 길에 들어서 몹시도 힘이 들 때, 그때야 비로소 상사가 없음을 느꼈습니다.

외로워지더라구요.

Top의 자리가 얼마나 외로운지 그때야 비로소 지난 시절 내 상사의 아픔을 조금씩 이해하는 사람으로 바뀌더군요.

철이 좀 들어간다고 할까요.
내가 힘드니 상대를 이해하게 되더라구요.

지금의 내 마음은 고마움으로 얼룩이 번집니다.
함께 했던 지난날의 그리운 얼굴들. 상사분들, 임원님들 그리고 사장님에 이르기까지 한 분, 한 분 지난날의 모습이 떠오릅니다.
그때는 왜 그리 미웠는지…….
지금 한 번 모신다면 참 잘 할 수 있을 텐데…….

그러나 인생은 리턴이 되지 않으니 상사의 애지중지했던 마음에 대한 보답해야 할 길을 찾을 수가 없습니다.
세월은 흐르고 이제는 그 빚을 내가 져야 하는 건지 지금은 내가 외롭습니다.

CEO가 되어 정상에 서 있다는 것은 참으로 외로운 길입니다.
불만이 가득차고, 상사를 미워할 때 그때가 참으로 인생의 봄날임을 느낍니다.
어쩌면 그때가 내가 젊다는 신호이니까…….

오늘도 쌓이는 업무, 상사의 스트레스, 그리고 인간적인 갈등에서 힘들어 하는 직장인들. 세월이 지나면, 처지가 바뀌면 나의 입장도 바뀌는 법이니 힘을 냈으면 좋겠습니다.

　필자의 경험이 작은 위안이 되었으면……

Part 3

나 자신에게

– 가혹할 정도로 냉정한 마음으로

좋은 습관은 유통기간이 없다

좋은 습관 하나를 만들어 놓으니 매사 자신감이 솟는다.

좋은 습관은 유통기간이 없다.

좋은 습관이야말로 오히려 불황일 때 더 빛이 나고, 어려울 때 힘이 되는 친구다.

무슨 일을 하든지 자신만의 고객서비스 마인드 하나는 내 인생 곁에 두고 반드시 지키려는 습관을 가져라.

나와 내 회사를 찾는 분들에게 어떻게 고객서비스를 할까?

고민 속에 성공의 답이 보인다는 사실을 알아야 하겠다.

'세상사 모든 것이 내 뜻대로 되면 인생 재미없지' 하는 마음을 갖자. 길이 막히면 풀어 갈 긍정의 마음이 생긴다.

힘든 삶! 그 길이 내가 가야 할 길이니 꾹 참고 가자.

인생살이, 그 어느 것 하나 호락호락한 게 없다는 것을 나이가 들수록 절실히 느낀다.

철(鐵)에 옷을 입히는 남자

∷

　어렸을 적 어머니께서는 간혹 점집을 찾곤 하셨다. 점쟁이로부터 들은 이야기를 이웃과 자식들에게 전해주는 재미가 쏠쏠하셨던 모양이다. 그래서 그런지 어머니께서는 일찍부터 '나의 직업은 쇳소리가 나야 한다'고 말씀하신 기억이 새롭다.

　하여간 미신처럼 여겼던 점쟁이의 말을 믿지는 않았지만 그 말을 신봉하는 어머니의 열망 때문이었을까? 그 말이 씨가 되어 나는 공업계 고등학교로 진학하여 기계를 배우고, 기계제작 회사를 거쳐 현재까지 기술인의 길을 걷고 있다.

　30여 년을 기계와 함께 살아온 인생이지만, 이제까지 단 한 번도 기술인의 길을 후회하거나 원망해본 적이 없으니 그때 우연한 기회로 선택한 인생의 진로가 참 좋았음을 느낀다. 철(鐵)을 배우고 철(鐵)을 통해 자신의 꿈과 행복의 두 마리 토끼를 한꺼번에 잡았다는 뿌듯함이 있다.

기술인의 삶의 시작은 힘든 여정이었다. 그러나 '젊었을 때 고생은 사서도 한다'는 말처럼 그때의 힘든 생활이 이제는 성취라는 부메랑이 되어 내 인생에 다가오는 듯한 인상이다.

때로는 공돌이로, 때로는 이공계를 기피하는 학생들이 늘어나는 현실 속에서도 철(鐵)을 사랑하며, 철(鐵)을 소중히 아는 사람이 되었다. '철(鐵)을 생각하면 눈물이 난다. 이제는 철(鐵)을 사랑하는 사람에서 철(鐵)에 옷을 입히는 회사, 철(鐵)에 옷을 입히는 사람이 되고 싶다.'

단순한 철의 한계에서 벗어나 융합과 혁신으로 철에 옷을 입히는 일에 최선을 다하고 싶다. 철의 활용도를 높이고 철이 인간에게 주는 다양한 혜택을 각종 산업에 접목시키는 일이 나의 사명이다. 내가 선택하고, 내가 걸어왔던 길. 비록 그 길이 멀고 험할지라도 대한민국의 많은 청년들이 대를 이어 철(鐵)을 사랑할 수 있다면 더없이 행복하겠다.

철(鐵)에 창조(創造)라는 옷을 입히는 일, 그 일이 곧 애국하는 일이요, '철(鐵)쟁이'의 사명이다. '철을 방치하면 고철이 된다. 철을 사랑하지 않으면 녹이 슨다. 그렇듯 인생도 방치하거나 애정을 쏟아 붓지 않으면 녹이 슨다'고 철(鐵)은 말없이 외친다.

첫눈 닮은 남자

뉴스를 보니 오늘 첫눈이 온단다.
아니나 다를까 서해대교를 지나는데 눈발이 흩날린다.
별로 달갑지 않은 회사 업무로 출장을 가는데 그래도 기분이 좋다.

첫눈은 마음을 설레게 하는 재주가 있나 보다.
이 생각 저 생각 쌩쌩 부는 바람에 차는 심하게 흔들린다.

문자 하나가 날아온다.
확인을 해보니
'2013년 첫눈이 내리는데 뭐 하시나요?'
아내에게서 문자가 왔다.
무거운 마음에
'당진 출장 중' 짧은 답을 보냈다.
아무리 운전 중이라지만 너무나 성의 없는 답장을 보낸 것 같아서
마음이 찜찜했다.

무사히 일을 마치고 돌아오는 길, 휴게소에서 전화를 했다.

"아직도 소녀 같은 감성이 남아있나 봐?"라며 한마디 했더니 곧장 답이 온다.

"나이 먹어도 여자는 여자랍니다. 첫눈은 잠깐 스쳐가고 다시 쨍! 수고 많이하세용."

"아~ 네. ~~~ 공주님."

아내에게 늘 잘해준다고 하는데도 부족함이 많다는 걸 많이 느끼는 남자다.

문득 그런 생각이 든다.

'그래~ 비록 첫눈 닮은 남자는 아닐지라도 늘 당신 곁에 햇볕 닮은 남자가 될게.'

그렇게 철든 생각을 하면서 페달을 밟았다.

첫눈이 내 마음을 읽고 서운했나보다.

갑자기 싸라기눈이 비가 되어 시야를 어둡게 한다.

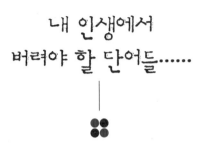

내 인생에서
버려야 할 단어들······

포기, 좌절 그리고 원망! 이 세 단어는 필자의 단어장에서 제외된 지 오래다. 이 세 가지 단어는 지금까지도 그래왔지만 앞으로도 내 인생 곁에는 찾아볼 수 없는 단어가 될 것이다.

아무리 힘들어도 포기할 줄 몰랐다. 개띠는 아니더라도 정신 하나만큼은 불도그를 닮았다. '남자가 가진 것은 없어도, 배짱 하나는 있어야 한다'는 신념이 나를 우뚝 세운 것 같다.

수많은 어려움 속에서도 좌절하거나 눈물을 흘리지 않았다. 눈물을 흘려서 해결할 일이 있다면 밤새 눈물을 흘리겠다. 그러나 '세상에 눈물이 좌절을 극복하는 치유 약이 될 수 없다'는 사실을 오래전부터 알고 있었다. 눈물은 인간의 심신을 나약하게 만드는 마력은 있을지언정, 위기를 해결하는 열쇠는 될 수 없다.

'남을 원망하지 않는 마음이 나를 살렸다.' 내가 어려웠을 때 내 마음에 원망이 조금이라도 자리 잡고 있었다면 나는 이 글을 쓸 수도 없었을 것이다. 지금 생각하면 그때 분하고 억울한 마음을 모두 내 탓으로 돌리고 원점에서 다시 시작했던 마음이 있었기에 오늘의 행복이 있었음을 안다.

'남을 원망하지 말고 재기를 위해 다시 일터로 향하는 발걸음.' 그 용기와 '천천히 다시 뛰자' 하는 작은 마음 하나가 결국 내 팔자를 180도 바꾸는 계기가 된 것이다.

누구나 힘들고 어려운 일을 겪을 수 있다. 힘들고 어려울 때 꼭 잊지 말아야 할 단어는 포기, 좌절 그리고 원망, 이 세 단어다.
'하늘이 무너져도 솟아 날 구멍이 있다.' 겪어보니 맞는 말이다.

아쉬움과 미련은
삶의 별책부록이다

개천절이 다가오자 몸이 먼저 휴일을 알아차리는 모양이다. 주중에 맞이하는 빨간 날은 말을 안 해도 몸이 먼저 안다.

하루 전서부터 골프를 하고 싶은 마음에 몸이 안달이 났다. 하기야 태권도한다고 그 좋아하던 골프를 2~3달을 쉬었으니 안달이 날 수밖에……

모처럼 밟아보는 파란 잔디, 청명한 날씨에 동반자까지 좋아 그 어느 것 하나 핑계댈 건수가 없다. 붉게 물든 서해안의 낙조가 골프의 재미를 더하게 하건만 너무 오래 쉬었나? 오랜만에 해서 그런지 볼이 제멋대로 간다. 그래도 구력이 있어 나름대로 창피는 당하지 않을 정도는 쳤는데 돌아오는 길 아쉬움이 컸다.

날씨 좋고, 페어웨이 좋고, 그린 상태 좋고, 모든 게 좋았지만 정작 원하는 샷이 나오지 않았다. 그래도 동반자들과 좋은 시간을 함께 하였기에 위로가 되었지만, 아쉬움과 미련만은 어쩔 수 없는 모양이다.

몸이 만들어지지 않았기에 뜻대로 잘 치지는 못했지만, 한편으로는 잘 치지 못한 미련과 아쉬움이 다음을 기약하는 계기가 되었으니 '미련과 아쉬움이 참 고마운 것이구나!'

'시도하지 않은 자에게 미련이나 아쉬움은 없다.' 무언가 원하는 일을 하였기에, 그 일에서 미련과 아쉬움이 발생한다는 평범한 진리를 깨달았다. 살면서 겪는 아쉬움과 미련은 있게 마련이다.
낙심하지 마라. '아쉬움과 미련은 삶의 별책부록'이다.

아쉬움과 미련은, 좌절이 아닌 새로운 삶의 동력이란 것을 배우는 좋은 시간이었던 것 같다. 나이트 게임인지라 밤 11시가 되었다. 슬슬 피곤이 몰려올 시간이지만, 무엇인가 새로운 것 하나를 배웠다는 기쁨인지 좀처럼 잠이 오지 않는다.

자신을 과소평가하지 마라

⣿

사람들은 저마다 불경기다, 불경기다 외치지만 그래도 공단의 하루는 바쁘게 도는 모습이다. '불경기일수록 손발은 더 부지런해야 한다'는 생각으로 1997년 IMF와 2008년 미국 투자은행 리먼브라더스 파산에서 시작된 글로벌 금융 위기까지 슬기롭게 살아온 터라 이제는 불경기에 대한 적응력이 강해졌음을 느낀다.

오전 근무를 마치고 거래처와 함께 식사를 하러 인근 식당으로 갔다. 저렴한 식당에도 불경기는 피해가지 못하는지 손님이 한 테이블밖에 없다. 식당 주인도 맥이 빠진 듯했지만, 그래도 친절히 맛있는 음식을 많이 가져다준다. 배불리 먹고 커피 한 잔을 하려는데 바람에 간판이 떨어질까 봐 간판 밑을 받치고 있는 돌멩이 하나를 발견했다. 가만히 들여다보니 돌의 모양새가 예사롭지 않았다.

주인을 불러 "왜 이렇게 좋은 돌을 여기에 놓았느냐?" 하고 물었다. 딱히 수석을 만들기도 뭐 해서 그냥 받쳐 놓았단다. 마음씨 좋은 아저씨는 "맘에 들면 그냥 가져가세요" 한다. 말이 끝나기 무섭게 돌을 받아 차에 싣고 수석집으로 가서 좌대를 맞췄다.

수석이 완료되었다는 전화가 왔다. 보고 싶은 마음에 단숨에 달려 갔다. 아나나 다를까 멋진 수석이 나를 가다리고 있었다. 나는 즉석에 서 수석에 예쁜 이름들을 붙여주었다. 버려지는 돌에서 멋진 수석으로 변신하여 내 사무실을 환하게 해준다. 기분이 너무 좋다.

차에다 싣고 주위를 또 돌아보았다. 쓰레기통 옆에 또 희한한 돌이 몇 점 보인다. 이 돌 역시 쓰레기통 날아갈까 봐 눌러놓은 돌이란다. 욕심도 많지……. 이 돌멩이도 주면 안 되느냐니까 두말없이 가져가란 다. 우와 수지맞았다.

남은 어떨지 몰라도 내게는 기분 좋은 수석임에 틀림없다. 사무실에 오면 나를 반갑게 맞을 수석을 생각하니 기분이 좋다. 참 행복하다.
이처럼 사람도 돌멩이 하나도 '쓰임새에 따라 가치가 달라진다'는 교 훈을 배운 좋은 하루다. '자신감을 가져라. 지금의 신세 한탄 말라.' 내 가치 언제 어느 때 발(發)할지 아무도 모르는 것이 인생이니까…….

다음에 식당에 들려 고맙다는 인사 꼭 전해야겠다.

반쪽짜리 행복

'먹는 것은 제대로 다 먹고, 당신은 혹시 반쪽짜리 행복에 젖어 살아오지 않았습니까?'라고 스스로에게 묻는다. 입술은 '아니'라고 말을 하면서도 뒷맛이 개운치 않다.

혹여 그런 생각이 든다. 문득 '반쪽짜리 행복이란 무엇일까?'
아마도 이런 사람이 아닐까?

돈만 있고, 사랑하는 사람이 없는 사람
돈만 있고, 머리가 빈사람
돈만 있고, 말(영어)을 모르는 사람
돈만 있고, 그 돈을 가치 있게 쓸 줄 모르는 사람
돈만 있고, 건강을 챙기지 못하는 사람

돈은 없지만, 그래도 마음만은 행복한 사람
돈은 없지만, 열심히 하는 일에 최선을 다하는 사람

돈은 없지만, 그래도 잘 웃는 사람

돈은 없지만, 이웃 사랑과 이웃 봉사에 앞장서는 사람

돈은 없지만, 그래도 '행복해'라고 말하는 사람

그러고 보니 많은 사람들이 반쪽짜리 행복을 부여잡고 세상을 살아가는 것이 아닌가 하는 생각이 든다. 필자 역시 예외가 아니지만 그렇다고 실망할 필요는 없는 것 같다.

온전한 행복을 위하여 내가 해야 할 일이 있는 것만 해도 이미 행복하니 말이다. 반잔의 물 컵처럼 비어있는 행복을 채우려는 노력도 큰 의미가 있기 때문이다. '오늘도 행복을 채우는 일을 게을리 하지 말아야지……' 하는 생각 하나가 나를 행복하게 한다.

세월에는 장사 없다

∷

세월에는 장사 없다.

아무리 아름다운 사랑이라도 세월 지나고 보면 촌스럽더라.
아무리 아름다운 청춘이라도 세월 지나고 보면 촌스럽더라.
때로는 10년 전에 내 사진이 지금보다 더 늙어 보일 때 '허허' 웃지
만 세월은 나에게 말한다.

변화하라고, 혁신하라고……
세월의 흐름에 변화하지 않고 혁신하지 않으면 잘난 네 모습 촌스러
워진다고…….

내 인생의 기승전전전결(起承轉轉轉結)

아직은 산(山) 중턱
오를 계단 많으니

내 마음 한시도 쉴 수가 없네.

몸은 힘들고
때론 마음이 지치지만
구름이 반기는 그곳
그곳에 내 꿈 있으니
가는 발길 멈출 수 없네.

두 발에 힘이 떨어지면
구르고 또 굴러서 가리
아름다운 정상에서
나의 수고
위로할 시간 있을 테니까.

물로 살 것인가,
쇠로 살 것인가

●●

물은 100℃면 끓는다. 그러나 철은 1,535℃ 이상의 고열을 가해야 녹는다. 그렇듯 인생도 마찬가지다. 물처럼 유연하게 살 것이냐? 아니면 쇠처럼 단단한 인생을 살 것이냐? 한 번쯤 생각하게 한다.

물로 사는 인생은 쉽다. 약한 불에 조금만 열을 가해도 끓는 인생이기에 큰 힘을 들이지 않고 편하게 살 수 있지만, 철(鐵)로 사는 인생은 1,535℃의 고열로 달궈야 비로소 자신이 원하는 모양으로 만들 수가 있으니 고통이 이만저만이 아니다.

뿐만 아니라 쇠는 1,535℃의 고열 속에서 새롭게 탄생했다 하더라도 여기에서 삶을 멈추지 않는다. 다시금 담금질과 어닐링을 통해 4~5배의 경도와 2배의 강도를 가진 모습으로 재탄생하는 공정을 거쳐야 원하는 철이 된다.

그렇듯 인생도 마찬가지인 것 같다. 자그마한 노력으로 작은 것에 만족하며 사는 인생이 있는가 하면 쉼 없이 자신을 가열하여 성공을 추구하는 사람이 있다. '성공은 성공을 낳는다.' 내 인생 철을 닮아서인지 아직도 부족하여 노력에 노력을 더하고 있다.

세상에는 100℃의 온도마저 올리지 못하고 쉬는 사람이 있다. 불을 때다 쉬면 다시 식는다. 그러면 처음부터 다시 불을 때야 한다. 그러면서 애꿎은 신세타령, 즉 자기 인생을 원망하며 한탄을 한다. 만시지탄(晩時之歎 ; 기회를 놓쳤거나 때가 늦었음을 한탄하는 것)하는 사람들은 한 번쯤 반성해야 할 일이다.

내 인생은 몇 도인가? 아마 700~800℃쯤은 가열이 된 것 같다. 문제는 NOW! 지금부터라는 생각이 든다. 내 삶에 열정의 온도가 떨어질지 아니면 재상승할지 모든 것은 지금 나의 열정에 달려있다.

'쇠는 달궈졌을 때 때려야 하고, 장작은 불타고 있을 때 넣어야 한다.' 정금(正金)이 되어야지, 정금(正金)이 되어야지 하는 게 나의 신념(信念)이자 내가 사는 이유일 테니까!

내게 이젠 아홉수도 부럽다

‥

나이 29세, 39세, 49세……. 남자 나이에 아홉수가 들면 결혼이나 이사와 같은 일을 꺼린다. 다시 말하면 9로 끝나는 나이는 운이 나쁘다기보다 위험이 많아 조심해야 한다는 뜻으로 아홉수라 얘기하는 듯하다.

29세, 39세, 49세를 넘기고, 나이를 먹다 보니 이제 지나간 그 아홉수마저 부러움의 대상이 되어버렸다. 아홉수는 사람이 살면서 자신에게 돌아오는 운(運)과 위험에 대해서는 모름지기 10년 주기로 한 번쯤은 자신을 냉철히 되돌아보고 신중하게 걸으라는 경종일 것이다.

사람 팔자가 10년에 한 번씩 뒤바뀔 수 있다. 지나고 보니 그렇더라. 인생 잘나간다고 뻐길 필요도 없고, 못 나간다고 상심할 이유도 없더라. 인생사 공평한 운으로 만들어졌기에 '나도 노력하면 언젠가는 행복하게 잘 살겠지……' 하는 믿음이 나를 떳떳하게 만들어 준 것 같다.

20대 잘못 살았다고, 30대 잘못 살았다고 포기하기엔 너무 이르다. 야구에서 2회 말, 3회 말 끝난 것과 무엇이 다른가. 경기 초반에 많은 실점을 했다 하더라도 한 점, 한 점 따라붙는다는 승부근성만 있으면 되는 것이다.

'인생역전은 언제나 내 마음속에 있다. 스스로 자신의 힘을 믿지 않고서는 이미 게임은 패한 거나 다름없겠지만 자신의 힘을 믿고 세상과 부딪혀 살다 보면 운도 언젠가는 나를 향해 미소 지을 때가 있으려니 그 팔자를 믿고 더 열심히 노력을 하자.'

필자는 언제나 그런 마음으로 살아왔고 앞으로도 또한 그런 마음으로 살 것이다.

아직 내 인생은 'B 플러스'

|
●●
●●

아직 내 인생의 평점은 'B 플러스'다. 본인의 점수를 너무 후하게 매긴 것 같지만 그러나 걱정할 것은 없다. 마음만은 언제나 'C'로 초심(初心)을 유지하고 있으니…….

처음에는 배운 것도, 가진 것도 없었는데 'B 플러스'라는 점수는 실로 엄청난 장족의 발전이다. 세상에 태어나 어떻게든 'A 플러스' 한 번은 받아야 되겠다는 열정이 오늘까지 유지되었던 것 같다.

가고자 하는 열정이 있을 때 지금의 점수(C−, B+)는 중요하지 않다. 문제는 지금부터라는 생각이 든다. 왜냐하면 여기서 교만하면 더 떨어질 수도 있고, 여기서 엔진을 하나 달면 더 치고 올라갈 수도 있기 때문이다. 언젠가는 A가 되고 A 플러스가 되겠다는 마음에 열정의 엔진 하나를 더 장착하고 싶다.

어떤 상황에서든 어떠한 어려움 속에서든 절대로 포기할 수 없는 게 인생이라는 것을 알기에……. 또한 내가 걸어 온 길보다, 앞으로 걸어 가야 할 길이 멀기에……. 지금은 걸어온 길에 대한 후회보다는 앞으로 이를 위해 다시 한 번 마음을 추스르는 것이 옳다고 본다.

그리 생각하니 마음 편하다. 10년 후, 아니 20년 후 내 인생에 어떤 평점이 부여될지 벌써 기대가 된다. 마음이 행복하다. 더 부지런히 살고자 하는 의욕이 생긴다. 내 인생의 'A 플러스', 그것은 동경이 아니라, 내가 걸어야 할 길임을 새롭게 인식한다. 바람이 분다. 바람이 분다. 나는 그 바람의 이름을 희망이라 부른다.

덕분에 많이 행복했다

●●

가족들 덕분에 많이 행복했다.

직원들 덕분에 많이 행복했다.

고객들 덕분에 많이 행복했다.

주변에 고마운 분들 덕분에 많이 행복했다.

가만히 생각해보면 내가 행복해지기까지 주변 분들의 도움이 없었으면 감히 상상조차, 생각조차 못할 일들이었다. 그래서인지 나는 자수성가라는 말을 함부로 내뱉지 못한다. 나 홀로 성공을 이루었다기보다는 함께 이룬 부분을 더 기억하기 때문이다.

나 스스로 생각할 때 나에게는 편안한 가정이 있고, 내가 일할 수 있는 행복한 일터가 있다는 게 무엇보다 큰 행복이다. 진정한 행복은 받는 기쁨이 아니라 주는 기쁨이다.

그동안은 받아서 행복했다면, 이제부터는 줘서 행복한 인생을 살고 싶다. 그동안 곁에서 고생하며 묵묵히 성원해준 가족과 사랑하는 직원들, 나아가 고객과 지인들에게도 그동안 받아 온 사랑에 이자를 더하여 되돌려 주고 싶다. 덕분에 행복했으니 이제는 그분들에게 보답하는 일을 찾는 것이 예의라는 생각이 든다.

돈이 많아서가 아니라 마음이 행복하니 참 좋다. 세상에서 행복을 너무 많이 가진 사람처럼 느껴진다. 이제 예의 찾아 떠나는 일이 있다는 행복감에 젖는다. 내 마음이 또 한 번 웃는다.

행복 세터,
드림 세터가 되고 싶은 꿈

●●

내가 가진 것이 있다면 내가 가진 장점을 이웃과 공유하고 싶고, 장점이 부족하다면 열심히 노력해서 이웃과 함께 공유하고 또한 그것으로 행복해할 툴(Tool)을 만들어 나가고 싶다.

그다지 세상에 얼굴을 디밀고, 명함을 내보이는 것을 원하지 않는다. 그저 조용히 세터(Setter)의 역할이면 충분하다고 본다.

꿈을 가진 청년들이 세상을 향해 스파이크를 날릴 수 있는 세터의 역할, 창업을 하셨거나 창업을 계획하고 있는 분들에게 창업성공을 컨설팅해주는 세터 역할을 했으면 한다.

희망이 없는 사람들, 행복에 굶주려있는 분들께 희망 세터, 행복 세터 역할, 그 소임을 하고 싶다. 힘없이 살아가는 사람들, 삶의 방향을 설정하지 못하고 살아가는 사람들, 퇴직 후 제2의 인생을 준비하려 하시는 분, 실직과 사업 실패로 어려움을 겪는 분들. 그분들 곁에서 "울지마, 내일이 있으니까"를 외치며 살아갈 희망을 주는 세터의 역할이 절실하다고 본다.

특히나 요즘처럼 장기 불황이 심화되는 현실에서 누군가가 나의 롤 모델이 되고, 멘토가 되고, 세터가 된다면 그것처럼 의미 있는 일은 없을 테니까……. 아직은 많이 부족하지만 나의 힘이 필요한 분들 곁에 조용히 다가서고 싶다.

나는 널 위해,
너는 날 위해……

벌거벗은 육체를 가리기 위해서 옷을 입듯, 나는 자신의 허물을 덮기 위해 변명이란 옷을 입지 않았나 하는 반성을 해 본다. 마치 알량한 호의를 베풀고 자신의 할 일을 다 한 것처럼 으스대는 일이 없었는지 스스로 자신을 돌아보게 만든다.

남에 대한 관심과 배려보다는 '이 정도면 됐지……' 하고 앞서 가는 마음이었기에 그 마음에 회초리를 들고 싶다. 관심을 가져야 할 대상은 너무나 많고 사회 구석구석에는 배려의 손길을 기다리는 사람들이 너무 많다. 그냥 모른 척 지나가기에는 너무나 힘든 현실에 고개를 떨구며 사는 사람들이 많다는 걸 느낀다.

그 많은 사람들에게 실로 미안한 마음이 든다. 나로 인하여 서운한 사람이 없었는지? 혹여나 나 때문에 고통당하는 사람은 없었는지? 한 번쯤 현실을 뒤돌아보게 한다. 이처럼 사람 노릇을 다하며 산다는 것이 얼마큼 어려운지 또 한 번 느끼게 된다.

나는 가족을 위해, 가족은 날 위해 서로 배려하는 모습

나는 직원을 위해, 직원은 날 위해 서로 다가서는 모습

나는 이웃을 위해, 이웃은 나를 위해 좀 더 다가서려는 모습

국민은 나라를 위해, 나라는 국민의 행복을 위해

멘토는 멘티를 위해, 멘티는 멘토를 위해…….

이처럼 서로가 서로를 위해 열심히 사는 아름다운 모습들로 채워졌으면 좋겠다. 지금까지 잘했다고 생각하는 것은 모두 내려놓고 초심(初心)으로 돌아가 나의 할 일을 찾아보련다. 지금까지의 삶이 부끄럽고 창피하다. 이제부터 겸허한 마음으로 다가서련다.

구정물로 채워진 대야를 쏟고 새 물을 채우듯 지금까지 교만했던 마음을 쏟아내고 새 마음으로 단장을 한다. 반성(反省)이 주는 행복감일까? 내 마음이 행복한 듯 깔깔깔 웃는다. 이 웃음이 멈추지 않도록 늘 자성(自省)하며 살아야겠다.

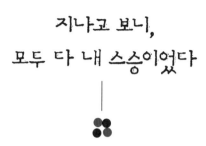

지나고 보니,
모두 다 내 스승이었다

[인생은 자기하기 나름]

　힘든 세상! 때로는 세상을 원망하며, 잘사는 사람에게 부러운 시선을 보낸 적도 있었지만 단 한 번도 당당함을 잊지 않고 살았다.

　먼 길 돌아 내가 잘 살게 되었을 때 내게 희망과 용기를 준 사람, 아름다운 미소와 따뜻한 격려를 보내 준 사람이 아니라 마치 대단한 것을 이룬 냥 거드름을 피우는 사람, 있는 놈이 더한다고 사사건건 욕심을 부리는 사람, 분수를 모르고 허영에 들뜬 사람, 많이 배웠다고 잘난 척 이기적인 사람, 오직 자기만 있고 남은 안중에도 없는 인정머리 없는 사람, 그토록 내 마음을 헤집고 나를 힘들게 했던 사람, 바로 그 사람들이 나를 살리는 스승이었다.

　이제는 시샘도, 미움도, 부러움도 사라졌다.
　내 인생은 나의 것. 내가 힘든 세상과 싸울 때 나 스스로를 믿고,

열심히 해왔던 게 내 마음을 아프게 했던 사람들. 그 사람들을, 그 분들을 이해하는 계기가 되어 감사하다.

일터를 신앙처럼 여기며 살아 온 삶!
절대 교만하지 말아야지, 정신 줄 놓지 말아야지…….
열심히, 부지런히 살아 온 지난날보다 앞으로 내게 다가 올 날들을 더 사랑해야지…….
더 정성을 들여야지……. 오직 그 생각뿐이다.

과유불급한 사랑은
나만 스트레스 받는다

사랑은 잘해준 것보다 못해준 부분을 생각하는 것이다.

잘한 것은 잊고, 못한 부분을 찾아 한 발짝 다가서는 것, 그것이 아름다운 사랑이다.

그리 생각하니 사랑하는 사람들에게 많은 빚을 진 느낌이다. 그동안 받기만 했을 뿐 무엇 하나 준 게 없다. 부끄럽게 느껴진다. 갑자기 할 일이 많다는 걸 느낀다.

이제라도 소리 없이 다가가야지……. 과유불급(過猶不及)한 사랑도 스트레스를 받지만, 좀 더 잘해줘야지 하는 마음이 든다.

인간관계의 정석

∷

1번 펭귄으로 살아가려는 마음. 사람이 싫으면 내 곁에서 살짝 떨어뜨려 놓고 그 사람을 멀리하면 그만인데 까칠한 성격인 필자는 그 꼴을 못보고 바로 쏘아대는 스타일이다. 그 놈의 더러운 성격 때문에 때로는 욕도 먹고, 혼자 마음고생을 할 때도 있지만 그래도 내가 욕을 먹어 내 주변이 잘되면 서로 좋은 거니까 기꺼이 욕을 먹어 준다.

욕은 먹어도 정이 많고 가슴이 따뜻하니 염려 없다. 남의 불행이나 약점을 후벼 남을 아프게 하거나 살기 힘든 사람에게 눈물 흘리게 하는 일은 하지 않는다. 아무리 선의(善義)로 접근을 했다 할지라도 상대방이 아프면 그것은 곧 폭력이 되기 때문이다.

주변에 사람 많다고 자랑하는 사람들이 많지만, 그러나 실제 알고 보면 인간관계 허당인 사람 많다.

모임 많고, 아는 사람 많다는 자랑보다는 눈 똑바로 박힌 사람이 많음을 자랑으로 여겼으면 좋겠다.

아닌 사람까지 끌고 가는 것은 낭비요, 헛수고다. 그럴 정신 있으면 내 인생에 고마운 사람, 삶에 용기 잃은 사람에게 꿈과 용기를 주며 살자.

유유상종이라고 죽이 맞는 사람만 어울리려 하지 말고, 자신을 지적하고 잘못을 꾸짖는 사람을 만나라.

허허실실 그저 속없이 좋은 게 좋다는 사람, 정의인지 불의인지도 구별 못하는 사람, 만남을 핑계로 비즈니스를 엮어가려는 사람, 공과 사구별하지 않고 그저 자기 잇속만 챙기는 사람 등. 그 사람들일랑 조금 멀리 떼어 두고 살자.

세상엔 자기 좋다고 하면 헤헤 하는 사람은 많아도 약 되라고 바른 말을 하거나 잘못을 지적하면 곧바로 소화불량에 걸리는 사람이 의외로 많다.

내가 아는 사람이 잘되기를 바라는 마음에 까칠하고, 성격 나쁜 사람이란 소리를 들어도 내 방식대로 쭈욱 밀고 나가려는 이유가 그 때문이다.

세상에는 배울 사람도 많고, 롤모델도 많은데 어찌 우리 곁에는 사람 좋은 사람은 많아도 욕먹는 일을 자청하는 바보는 드무니 참 아쉬울 뿐이다.

쉽지 않은 인간관계 속에서 잡초처럼 강한 내 마음도 때로는 지칠 때가 있지만, 지칠수록 나를 사랑하는 마음이 더 생긴다. 무슨 일이 있어도 돌아서면 자신을 반성하고 자신의 부족함을 먼저 찾아보려 노력하는 그 기특한 마음이 나를 지켜주는 듯하다.

　내 마음이 바라는 소망. 그것은 오직 내가 아는 사람이 모두 다 잘되고 모두가 행복했으면 하는 바람 때문이다.

　그것을 위해서라면 어떠한 십자가(욕, 미움)도 기꺼이 맬 줄 아는 용기 있는 남자가 되고 싶다. 바른 말, 까칠한 성격이 우선은 귀에 거슬려도 세월이 흐르면 내 마음 토닥거려 주는 예쁜 손, 예쁜 마음이 있을 테니까…….

아직도 가야 할
태권소년의 꿈

'꿈꾸는 태권소년' – 오늘 버려야 할 것과 가져야 할 것은 무엇일까?

필자가 태어나기 100년 전인 1863년 소설가 쥘 베른(1828~1905)은 《20세기 파리》라는 그의 역작을 통해 그 당시는 상상을 못했던 유리로 된 고층빌딩, 에어컨, TV, 엘리베이터, 고속열차, 팩스 그리고 지금의 인터넷과 비슷한 통신망까지 열거하며 소설을 써 내려갔다.

'소설은 곧 현실이 된다.' 100년이 지난 오늘 그의 소설은 현실이 되어버렸다. 오늘날 또 다른 미래의 세계를 상상하고 예측하는 사람들……. 과학자뿐만 아니라 미래의 식견을 가진 사람들이 줄줄이 다가올 미래에 대해 예측을 한다.

상상만 해도 즐거운 100년 후 미래를 향해 떠나는 여행! 뉴욕시립대 석좌교수인 미치오 카쿠는 그의 저서 《미래의 물리학》을 통해 2050년에는 줄기세포로 오래된 장기를 대체하고, 유전자 치료로 노화된 유전자를 수리해 인간의 수명이 150살까지 살 수 있다고 말한다.

혁명적 패러다임. 세상은 이처럼 소설이 현실이 되고, 인간의 수명 또한 급속도로 연장돼 가뜩이나 살기도 힘든 세상, 더 마음이 무겁다. 세상 어디까지 변화할 수 있을까? 젠장! 지금도 따라가기 힘든 세상인데 미래까지 상상하니 머리가 지근지근 아프지만 딱 생각나는 한 가지가 있어 그나마 위로를 받는 듯하다.

필자가 받는 위안은 '태권소년의 길밖에 없다'라는 생각이 든다. 세상에 맞서 당당히 싸우려면 2가지의 무기는 갖고 살아야 하지 않겠느냐는 것이다. 그 중 첫 번째는, '태권소년의 꿈이다.' 이는 나이가 들어도 꿈을 버리지 않는 마음이다. 둘째는 '태권소년의 체력이다.' 100세까지 건강하게 살 수 있는 체력이 있어야 한다는 것이다.

오로지 2가지의 무기만 갖고 세상과 당당히 맞서보련다. 가까운 미래 멀지 않은 세상에 다가 올 우주여행을 꿈꾼다. 내 행복한 상상이 현실이 되는 날. 오늘 가졌던 이 '2가지 무기'만 있으면 우주선 맨 앞자리에 앉을 수 있겠지 하는 상상을 해본다.

비록 나의 상상력이 상상력의 대가라 일컫는 할리우드 시나리오 작가는 따라가지 못하겠지만, 오늘 내 마음에 품었던 이 행복한 상상은 세월이 가도 변하지 않는 정금(正金)으로, 내 인생의 열정으로 두고두고 피어났으면 하는 바람을 가져본다.
'사람은 늙어도 꿈은 늙지 말자', '사람은 늙어도 열정은 늙지 말자.'

인생은 재미난
퍼즐게임과 같다

'인생은 언뜻 보면 어려운 퍼즐게임 같지만, 알고 보면 참 재미난 퍼즐게임이다. 그러나 우리는 그 재미있는 인생의 퍼즐게임을 놓고 자꾸만 어렵고 힘들게 풀어가고 있다. 그 이유는 그저 고생은 덜하고, 빨리 쉽게만 풀려는 욕심과 욕망 때문이 아닐까? 하는 생각을 갖는다.

인생은 한꺼번에 모든 것을 허락하지 않는다. 모름지기 인생은 20대, 30대, 40대, 50대를 거치면서 인생을 조금 조금 알게 해주는 것 같다.

'인생이 나이 들어 슬프고 때론 세상이 야속하게 느껴지지만 한편으론 인생의 깨달음을 얻을 수 있다는 것이 큰 행운이다.' 비록 흰머리는 늘어가고, 이룸은 더디지만 인생을 조금씩 배워간다는 사실이 얼마나 고맙고 감사한 일인지 모르겠다.

서해안 낙조. 지는 석양만 보아도 가슴 벅차고, 길가에 잡초 하나만 보아도 마음이 찡하다. 모두가 정겹고 소중함으로 다가온다. 이런 마음의 현상은 '내 발끝에 닿는 하루, 한 계절이 나에게는 너무나 소중한 시간인가!' 하는 깨달음을 준다.

'아무 생각 없이 보내는 하루는 내 인생에 죄를 짓는 것이다.'
오늘도 의미 있게 내 인생의 퍼즐 조각 하나를 맞춘다는 심정으로 하루를 대한다. '굶주린 듯 갈망하자(Stay hungry, Stay foolish).' 그 사소한 생각, 그 사소한 결심 하나가 잠자는 나를 깨우는 듯하다.

희망밥 - 아침, 점심은 걸러도 굶지 말아야 할 밥이다

∷

[내 마음은 원룸이다.]

내 마음에…… 내 마음속에 절망을 끌어안으면 희망이 들어갈 방이 없고, 내 마음에…… 내 마음속에 희망을 끌어안으면 절망이 발붙일 틈이 없다.

내 마음은 원룸이다. 따라서 내 마음속에는 희망과 절망이 함께 동거할 수 없다. 그렇다면 내 마음엔 무엇을 담아야 하나?

살다 보면 마음 아플 때가 있고, 외롭고 고독할 때가 있다.
돈이 뭐 길래 돈 때문에 울어야 하고, 돈 때문에 가슴 아픈 일을 당해야 하나. 당해 본 사람만 알 수 있는 아픔, 당해 본 사람만이 알 수 있는 서러움이다.

배고프고 힘든 날이 있으면 좋은 날도 있겠지…… . 내 인생의 서러운 나날, 이 또한 지나가리니……. 참 많이 힘들 때 절망하지 않고 '희망밥' 꾸역꾸역 먹던 지난날이 생각난다.

우리가 먹는 하루 세 끼의 밥은 육체를 활동시키기 위한 밥이라면, 희망밥은 내 꿈을 활동시키기 위한 보양식이다.
이것이 우리가 하루 세 끼 밥은 굶어도, 희망밥은 굶지 말아야 할 이유다.

관중과 선수의 차이

•••

인생이라는 경기장. 평생을 관중으로 살 것인가, 선수로 그라운드를 누비며 살 것인가! 인생이라는 가판대. 시간되면 퇴근하는 '알바'처럼 일할 것인가, 간절함이 배어있는 주인처럼 일할 것인가!

철(鐵)이 된다는 것, 쓸모없는 고철이 철(鐵)이 되려면 용광로 불구 덩이에 자신을 던져야 한다.

철이 든다는 것, 사리를 분별하는 힘을 갖고 나이답게 행동한다는 뜻이다.

철(鐵)이 된다는 것, 철이 든다는 것. 둘 다 '원하는 꿈을 위해 한 번쯤은 달구어져야 한다.'

'고통 없이 세상에서 이룰 것은 없다'는 메시지일 것이다.

귀하게 태어난 내 인생, 한 번뿐인 인생. 고철로 버려지는 인생이 아닌 뜨거운 용광로에 들어가 쓰임새가 있는 생철(生鐵)로 거듭나는 무쇠 같은 인생이 내가 걸어가야 할 길이다.

'지식'이 아닌 '지혜'를
가르치는 사람

∷

　미래의 인재들이 모여 있는 곳이 대학이지만 대학의 교육이 잘못되었을 때 사회가 지급해야 하는 비용은 엄청나다. 대학은 정상적인 교육이 이루어져야 대학의 역할을 바로 할 수 있다. 일부의 사립대학은 마치 학생이 봉인 냥 학생들의 등록금으로 사학을 운영하려 든다.

　일부 사학의 운영자들이 사학을 자기들의 입맛대로 운영하는 것도 꼴사납지만 요즘 일부 꼴사나운 대학생들이 더러 있다. 소위 명문대학에 다니는 학생들은 마치 자신이 다니고 있는 대학의 네임벨류가 자신의 미래를 담보하는 냥 게으름을 부리며 '놀자판'으로 젊음을 보내고 있다. 그들의 표정을 보면 이미 다 성공한 사람처럼 보인다.

　그런 일부의 학생들을 보면 '저 친구들은 명문대학에 들어오기까지가 자신의 목표요, 꿈이었던 걸까?' 하는 의구심이 들 때가 있다. 고등학교 때 놀지도 못하고 죽자 살자 공부를 했고, 치열한 경쟁을 뚫고 들어 온 것은 축하를 받아 마땅한 일이나, 문제는 이제부터가 본

게임, 즉 새로운 시작이라는 사실을 잊는 것 같다. 더욱이 그들은 비싼 등록금을 내고 다닌다. 부모들은 자식을 가르치려고 자식들에게 올인을 하지만, 일부 학생들은 그 부모의 마음을 쉽게 읽어 내려가지 못하는 것 같다.

뭐 하러 대학에 왔는가? 대학의 입학은 지식을 배우고 배운 지식을 통해서 지혜를 구하고, 대학 교육을 통해서 전문가가 되고, 이 시대가 요구하는 리더가 되고, 미래의 꿈을 앞당기고 그 꿈을 실현시키는 힘(Power)을 기르기 위해서 대학에 들어 온 것이 아닌가? 그런 점에서 볼 때 대학 시절의 토양은 대단히 중요하다.

어찌 보면 '나'라는 인생은 이십대에 갈고 닦아놓은 토양대로 내 인생이 결정 지워진다 해도 과언은 아닐 테니까 말이다. 그만큼 대학 시절은 내 인생의 중요한 포지션이다.

그런 부분을 알고 있는 나 자신이 대학 강단에 선다는 것은 참으로 두렵고 떨리는 일이다. 겸임교수로서 일주일에 3시간을 강단에 서지만 스트레스가 이만 저만이 아니다. 하지만 매주 설레임으로 학생들을 만나려고 노력을 한다. 자식에게 해주지 못하는 말, 자식 같은 제자들에게라도 해주고 싶은 마음에 기꺼이 한다.

지식(知識)보다는 지혜(智慧)를 주는 사람으로 남고 싶다. 'CEO'로서 걸어 왔던 삶의 풍부한 경험을 들려주고, 학생들에게 꿈과 용기 그리고 자신감을 심어주는 역할을 하고 싶다. 학생들도 고민이 많다. 취업, 진학, 결혼, 창업, 미래 등. 스트레스 받는 학생들을 보듬어주는 역할이 적다. 힐링, 그 역할을 하고 싶다. 학생들과 함께 울고 웃으며 그들이 세상을 당당하게 맞서 살아가는 지혜를 주고 싶은 욕심이다.

이래저래 욕심도 많은 남자다. 그러나 행복한 남자다. 하지 않아도 될 일을 하고 있는 바보다. '성공은 바보다.' 그래서 내가 바보처럼 사나?

바보라 해도 좋다. 몸이 피곤해도 좋다. 다만 한 가지를 기억하며 산다.

'내가 열정으로 가르쳐야 학생들의 가슴에도 열정의 불을 켤 수 있다는 희망.' 그 희망이 나를 웃게 한다.

배고프면 밥 주는 것이 인생이다

블로그가 배고프다고 운다. 한 일주일 글을 안올렸더니 요녀석 아주 서운한 모양이다. 문만 빠끔히 열어보고 그냥 가고 그냥 가고……. 블로그도 주인의 발걸음을 기다리는지…….

게으른 사이에 다녀간 방문객 수도 한참 줄었다. 날씨가 풀리다보니 마음도 풀렸나? 다시금 제자리로 돌아온다. 열흘 만에 돌아오니 새롭다. 진한 애정이 솟는다.

블로그를 통하여 '때를 놓치지 않는 습관'을 배운다. 인생의 때를 놓치면 그만큼 힘이 든다는 사실을 다시 한 번 깨닫는다. 꿈꿀 때 꿈을 꾸지 않으면 후회하게 되고, 공부할 때 공부하지 않으면 커서 후회하고, 젊었을 때 열심히 일하지 않으면 늙어서 후회한다. 모든 것이 때가 있다.

자고로 때를 알고 행동하는 것을 철들었다 말한다. 사람도 때를 알고 시기에 맞는 올바른 행동을 하는 것이 바로 '철든 놈'이다. '철든 놈이 성공한다'고 했다. 인생이 그 인생의 때를 놓치면 절름발이 인생이 된다. 두 발로 뛰어도 힘든 세상! 한 발로 뛰어서는 남보다 앞서갈 수 없다.

지금은 비록 지치고 힘들어도, 미래를 보고 조금은 참고 행동하는 양심으로 돌아갔으면 한다. 더 나은 나를 위해서 그리고 누릴 수 있는 최대의 행복을 누리고, 나아가 내가 행복함으로 내 이웃까지 행복하게 웃는 세상이 왔으면 좋겠다. 그래서 간곡히 외친다. 그것도 절실한 마음으로, 간절한 마음으로……. 너를 위해서라기보다는 조금 더 큰마음으로 이웃을 위해 노력하자고…….

게으른 나를 향해 간곡히 주문을 외쳐본다. "나 하나 홀씨되어……."

습관의 힘, 쓸고 또 쓰는 마음

이마의 땀이 송골송골 맺힌다. 왠지 상서로운 기분이 든다. 이 기분이 일 년 내내 이어졌으면 좋겠다.

작년 연말에는 경기가 무척 어려운데다 나 자신까지 게으름을 많이 부렸다.

'모두 다 어려우니 쉬어간들 어떠하리⋯⋯.' 아마도 그런 마음이었던 것 같다. 새해가 밝았다. 올해는 눈 소식으로 인하여 해마다 가는 해돋이를 보러 떠나지 않았다. 집에서 가족과 함께 조용한 새해를 맞았다.

떡국을 먹고 회사로 향했다. 회사에 도착하니 앞마당이 밤새 내린 눈이 소복이 쌓여 있었다. 그냥 사무실에 들어가려다 내일 직원들 출근하면 미끄러울까봐 눈삽을 집어 들었다. 넓은 앞마당을 무려 30분을 쓸어냈다. 팔도 아프고 이마에는 땀이 송골송골 맺힌다. 하지만 이 기분은 돈을 주고도 살 수 없을 만큼 기쁘다.

스스로 행복을 찾아 나서는 일, 시켜서 하지 않고 스스로 마음이 우러나서 하는 일은 언제나 이렇게 사람을 행복하게 하는 마력이 있다. 스스로 하는 일은 축복이다. 고맙게도 행복에 보너스까지 챙겨 주니 말이다.

쓸고 또 쓰는 마음은 리더의 마음이요, '오늘 저녁에 또 눈이 내릴지 모르는데 그냥두지 뭐' 하는 마음은 종(奴)의 마음이다.

다 쓸고 나니 또 눈이 흩날린다. 조금 힘은 들지만 기분만은 너무 좋다. 회사에도 새로운 기운이 도는 듯한 느낌이다. 이처럼 작은 습관 하나가 불황을 이기는 힘이라는 사실을 안다. 새해 첫날, 이처럼 행복을 주었으니 밤새 내린 눈이 고맙게 느껴진다. 올 한해 직원들과 함께 또 한 번 열심히 일해야지……. 새로운 의욕이 생긴다.

'네 가지' 있는 네 가지

시골에서 태어난 촌놈이다.

인기 없는 남자다.

키 작은 남자다.

B형의 나쁜 남자다.

나는 이 네 가지를 완벽하게 갖춘 남자다.

시골에서 지지리 못살고 굶주리며 살았다. 제아무리 때 빼고 광을 내도 촌티가 물씬 난다. 그러나 기죽지 않는다. 촌티는 날지언정 맑은 물을 먹고 자랐다. 때 묻지 않은 순수성을 지녔다.

성격이 까칠하고, 바른 말을 잘하는 남자다. 그래, 그래서 인기가 없다. 예쁜 말만 하고, 남이 듣기 좋으라고 아부성 칭찬만 하는 사람이 많은 세상에서 욕을 듣더라도 서로 득되는 게 좋다고 생각하는 까칠한 남자다. 비록 우선은 기분 나쁘고 속은 상해도 지나고 보면 그 사람이 옳았다 하는 이야기를 듣고 싶었다.

아무리 노력해도 170cm가 안 되는 운명을 가진 남자다. 초등학교 때부터 번호 4번 이상을 해본 적이 없는 남자다. 그렇지만 키 콤플렉스가 없는 당당한 남자다.

부모형제라도 노력 안하고 도와달라고 하면 따뜻한 말 한마디 살갑게 해주지 않는 나쁜 남자다. 남이 고민하면 뭘 그런 걸 가지고 고민하느냐고 따지고, 남이 힘들어 하면 도닥거려 주기보다는 "뭘 그까짓 일을 가지고 힘들어 하느냐?"고 강하게 채찍질하는 남자다.

나는 여자들이 싫어하는 B형에, 촌티 나고, 못생기고, 키 작고 인기 없는 남자다. 하지만 적당히 세상을 살아서는 평생 빌빌거리며 살아야 하는 세상에서 누구보다도 당당한, 소위 말해 삶에 경쟁력을 가진 사람이다. 강인한 정신력, 무한한 열정, 투철한 기업가정신으로 무장한 종합비타민과 같은 남자다.

'남이 내 인생을 대신해 줄 수 없다.' 자신이 비록 남이 갖지 않은 네 가지 단점, 아니 열 가지의 단점을 욕심(?) 많게 다 가졌다 할지라도 오히려 내가 가진 단점을 나만의 장점으로, 나만의 자신감으로 확대 재생산할 줄 아는 사람, 그런 배짱을 가진 사람이 정말 멋진 남자, 내 인생 곁에 두어야 할 사람이 아닐까? 하는 생각이 든다.

내 인생 곁에 둘 사람

$$\begin{array}{c}\vert\\ \bullet\bullet\\ \bullet\bullet\end{array}$$

세월은 유수(流水)와 같다더니만 요즘 느껴보는 세월은 어찌 보면 유수보다 더 빠른 것 같다. 조석으로 느끼는 일교차가 크기 때문일까? 어떤 때는 자고나면 계절이 바뀐 것 같은 착각을 하게 되니 아무리 봐도 세월은 참 빠르긴 빠른 것 같다.

계절은 그리움을 입고 오는지 계절이 바뀔 때쯤에는 늘 그리운 사람들이 생각난다. 그리움으로 수놓아진 많은 사람들…… 그 중에서도 나의 모티브가 되어 주셨던 몇몇 분의 모습이 떠오른다.

기억이라는 창고에 숨어있는 그리운 사람들, 그분들 중 지금도 고마움으로 남는 몇 분이 계신다. 그분들은 모두 제조업을 하시는 전·현직 CEO분들이다. 돌이켜 생각하건데 그분들은 허황된 욕심을 바라지 않고 땀의 소중함을 느꼈던 분들 같았다. 나는 그분들의 DNA를 닮았는지 지금도 그 영향권(?)에서 벗어나지 못하고 있다.

노력한 만큼만 벌려는 마음, 기업가정신(Entrepreneurship), 혁신적인 사고, 열정, 자신감, 꾸준한 노력과 이웃에 대한 봉사 등……. 그 무엇 하나도 버릴 게 없는 가르침을 받은 것 같다. 생각해보면 그분들을 만났던 것이 나에겐 크나큰 행운이자 축복 그리고 기회(동기부여)가 되어버렸던 듯하다.

이제는 이 사회와 후진들에게 내가 받은 것에 이자를 듬뿍 쳐 갚아야 하는 입장이다. 제조업에서 배우고, 공부했던 수많은 경험과 노하우를 전수(傳受)해야 할 사명이 있음을 잘 안다. 그래서 더 열심히 산다. 그래서 더 열심히 배운다.

인생의 성공요인은 여러 가지가 있겠지만 그 중 한 가지는 내 옆에 어떤 사람이 있느냐가 중요한 요인이라는 것 그리고 이왕이면 제조업을 하는 CEO 한 분쯤은 내 인생 곁에 멘토로 가져감이 좋을 듯하다.

공장장의 한마디,
마음이 준비되어야 일도 시킨다

∷

아침 9시. 여느 때와 마찬가지로 공장을 둘러보려고 안전화를 신었다. 업종이 기계 제작이다 보니 하시라도 공장 내 안전관리에 신경 쓸 수밖에 없는 현실이다. 나부터 안전에 대한 기본과 원칙을 지키는 일이 중요하다.

공장을 한 바퀴 둘러본 후 공장장과 잠시 이야기를 나눌 기회가 있어 한마디를 꺼냈다. 취업비자를 받고 채용된 외국인 근로자에게 벤딩 로울러 작업을 직접 체험시켜 기능을 익힐 수 있도록 맡겨보라고 권유했다.

공장장은 딱 잘라서 거절을 한다. "아직은 안 됩니다. 무슨 일이건 마음이 준비되어야 일도 시키는데 아직 거기까지는 조금 무리인 것 같습니다. 점차 기량을 끌어올린 후에 그때 시키도록 하겠습니다"라고 말한다. 순간 띵하고 무엇에 얻어맞은 것처럼 멍 해졌다. '그래, 참으로 멋진 생각이다. 준비된 자에게 일을 시킨다. 좋아! 명언인데…….'

공장장의 어깨를 툭 한 번 치고 사무실로 향했다.

공장장의 철든 한마디가 나를 웃게 한다. 아무리 급해도 조급하게 닦달하지 않고, 부하직원의 기량을 차분히 끌어 올리는 철든 생각을 가진 공장장이 현장을 책임지고 나를 보좌하고 있다고 생각하니 기분이 너무 좋았다.

준비된 자에게만 일을 시키는 회사! 때 아닌 공장장의 멋진 한마디 덕분일까? 오늘따라 작업복에 안전화를 신은 내 모습이 너무 멋져보였다.

통통한 미꾸라지에게서 변화를 기대하는 것은 어리석은 일이다

    통통한 미꾸라지에게서 변화와 혁신을 기대하는 것은 어리석은 일이다. '변화와 혁신'은 어려울 때 나온다. 회사가 어렵고, 조직이 어려울 때 나약한 사람은 불만이 늘지만, 부지런한 사람은 어려움을 기회로 여긴다.

    배부른 자에게는 '혁신(革新, Innovation)'이 없다. 혁신은 고통이 따르는데 배부른 자는 고통을 멀리하기 때문이다.

    요즘같이 어렵고 힘든 때에도 내가 웃는 이유는 지금 시점이 나와 내 회사가 꿈틀거려야 하는 변화의 시기, 즉 찬스라는 생각이 들기 때문이다.

행동하지 않음은
정전과 같은 것이다

●●
●●

태풍 볼라겐이 휩쓸고 갔다. 다행히도 큰 피해 없이 한숨 돌렸건만 간밤에 그만 변압기가 고장 난 모양이다. 아침 일찍 출근을 했건만 공장 전체가 깜깜하다. 공장의 기계는 모두 멈춰 섰고 사무실도 올 스톱이다. PC, 에어컨, 정수기, 복사기 등 모두가 먹통이다.

오늘 따라 거래처의 급한 전화는 계속 오고 고맙게도 한전에서는 긴급출동을 하여 변압기를 교체하고 있지만 언제나 전기가 다시 들어올지 초조하기만 하다.

핸드폰을 이용하여 글을 쓴다. 새삼 전기의 고마움을 느끼며 과연 우리의 삶에서 전기와 같은 역할을 하는 것은 무엇일까? 캄캄한 어둠 속에서 삶의 진리를 깨닫는 이 시간. 비록 공장이 멈춰 서 손실은 크지만 정전은 나에게 새로운 진리를 던져주었다. '힘(Power)은 멈춰 설 때 Powerless가 된다'는 사실을 말이다. 정전이 가져다 준 선물치고 참으로 의미 있는 선물을 받은 것 같다.

세상은 불황일지언정
내 꿈은 호황이다

∴

〈중소기업신문〉의 기사를 보면 우리 경제가 유럽 위기의 악화로 태풍권에 접어든 'L자형' 장기경기침체가 우려되는 상황이라 한다. 유럽의 재정 위기로 촉발된 전세계의 불황은 앞으로도 10년, 20년 'L자형' 장기불황의 행태로 이어질 것이라고 하니 참으로 암담한 현실이라 할 수 있겠다.

현실이 그러하니 매일 아침 경제신문을 들춰보기가 두렵다. 어느 한 곳에서도 긍정적인 소식은 들려오지 않는다. 이러한 암울한 경제현실을 멍하니 바라만 보다가는 인생 좋은 꼴 못 보겠구나 하는 자괴감마저 든다.

과연 이런 상황에서 어떻게 살아야 현명한 처신이 될까? 나 자신에게 새로운 숙제를 던진다. 경제전문가의 말대로라면 앞으로 내 인생은 20~30년 불황, 불황만 외치다가 끝나는 팔자겠지만 나는 그 팔자를 받아들이고 싶지 않다. '강물을 거슬러 오르는 연어처럼 세찬 불황을 거슬러 가고 싶다. 오늘 내 인생이 어둡다면 내 인생은 평생 어둡지만, 오늘을 긍정으로 최선을 다한다면 앞으로 남은 내 인생은 호황, 그 이상의 결과물을 가져다 줄 것이다'라는 '긍정의 오기'가 생긴다.

'현실에 발목이 잡혀 자신을 비관하고, 불황의 늪에서 허우적거리느냐, 아니면 불황 중에서도 영롱히 빛을 발하는 인생이 될 것이냐' 하는 인생의 숙제를 푸는 마음, 그 마음으로 오늘을 달린다.

비닐하우스에 살면서도, 웃음을 잃지 않고 세계 제일을 꿈꾸었던 양학선 선수처럼 비록 낡은 공장이지만 그 속에서 세계 제일의 꿈을 놓지 않는 기업가가 되겠다는 '긍정의 오기'가 다시 한 번 나를 부추겨 주는 하루, "세상은 불황일지언정 내 꿈은 호황이다!"라고 큰소리로 세상을 향해 외치고 싶은 내 가슴 말이다.

공짜로 주는 밥은 없다

∷

공짜로 주는 밥은 없을 터인데, 공짜로 밥을 먹으려 드는 사람들이 있다. 사지(四指) 멀쩡하다면 어떠한 경우이든 일 안하고 먹는 밥은 먹어서는 아니 된다.

밥은 땀 흘린 사람이 먹고 또한 일을 더 열심히 하기 위해 먹는 게 밥이다. 일을 안 하고 밥숟가락 드는 것은 면허증 없는 사람이 운전하는 것과 다름없다. 일 안하고 숟가락 들려는 사람과 면허증 없이 운전하려는 사람의 공통점은 모두 부자격자(不資格者)란 사실이다.

무슨 일을 하더라도 자격을 갖추고 해야 한다는 것, 그것이 철(鐵)든 남자의 자격론(資格論)이기도 하다. 자격을 가진 멋진 사람들……. 그래서인지 내 삶 곁에는 항상 열심히 일하는 사람만 놓고 싶은 게 나의 솔직한 욕심이다.

내 마음의 바다에
출렁이는 긍정의 파도

●●

살아가다 누군가와 비교했을 때 너무나도 작게 느껴지시나요?

'아니요.'

저는 지금…… 지금은 비록 작지만, 앞으로 펼쳐질 제 인생은 너무나 소중하고 크게 느껴집니다.

저는 믿습니다. 그리고 용감히 외칩니다. 내 마음의 바다에는 하루도 쉬지 않고 출렁이는 파도가 있고, 또한 그 바다 위에서 잠시도 쉬지 않는 손과 발이 있기 때문이라고 말입니다.

내 마음의 파도가 제아무리 거셀지라도 그 이름은 '긍정'의 파도라 부르며, 가라앉지 않으려고 발버둥치는 내 손과 발은 '열정'이라고 부릅니다. 내 마음에 '긍정'과 '열정'이 식지 않는 한 나는 언제나 '부자'라고 자신 있게 외치는 이유이기도 하지요.

너 힘드냐, 나도 힘들다

●●

만나는 사람들마다 힘들다는 사람들이 많다. 세상이 그러하니 늘어
나는 것은 한숨과 소주회사 매출뿐 별로 반가운 소식들은 들리지 않
고 '엎친 데 덮친 격'이라는 용어만 생각나는 계절이 되어버렸다.

회사를 방문하는 사람들마다 "요즘 어려운데 어떻게 힘이 들지 않
느냐?"고 말한다. 생각해주는 것은 고마운데 이 말을 들으면 짜증부
터 나니 무어라 말을 해야 할지 잠시 멍할 때가 있다.

영업하러 왔으면서도 긍정의 마인드는 쥐뿔이고 없다. 도대체 내 힘
을 빼러 왔는지, 힘을 주려고 왔는지 도무지 알 수가 없다. 어찌 보면
안 그래도 힘들어 발버둥치는 사람에게 도와주지는 못할망정 불황에
동조하라는 인상을 주는 멘트는 정말이지 할 이야기가 없게 만든다.
이제는 정말 짜증이 난다.

대뜸 한마디 내뱉고 싶다. '됐거든, 나 전혀 힘들지 않거든……'

'불황은 신(神)이 준 선물이다'라고 생각하며 애써 극복하려는 사람 앞에서 도대체 무슨 말인가!

다들 참 배부른 사람들이요, 한심한 사람들이다. 가만히 앉아서 불황, 불황하면 호황이 어디 하늘에서 떨어지는 줄로 아는가 보다.

'그 어느 때보다도 불황은 손과 발이 바빠야 하는데 모두들 가만히 앉아 입만 바쁘다.' 정말 소가 웃을 일이다.

다시 말하지만 '불황은 신(神)이 준 선물이다. 불황은 누가 뭐래도 감사함을 느끼는 시기이다.' 그동안 행복했다면 그것에 감사하고, 이 어려운 시기에 일이 있음을 감사하고, 또한 이 불황에 내가 일할 수 있는 일터가 있음을 축복으로 여기고, 일을 주는 고객에게 감사함을 느끼는 시기이지 손발은 뒷전이고 입만 동동 살아서 세상 불평불만만 하는 것, 그것은 참 아닌 것 같다.

불황에 배울 게 더 많다. 불황에 감사할 일이 더 많다. 불황기는 남보다 앞서 갈 찬스가 많다. 이 정도만 해도 무지 큰 축복이다. 불황을 긍정으로 받아들이고 더 열심히 하려는 마음가짐이 그 어느 때보다도 중요한 시기인 것 같다. 모두들 마음의 불황을 떨쳐버리고 다시 한 번 힘을 내는 계기가 되었으면 좋겠다.

감사해 그리고 고마워!

•• ••

눈을 뜨면 나를 반겨주는 하루를 향해, 감사해 그리고 고마워!
신문을 보고, 우유 생식으로 먹는다. 감사해 그리고 고마워!
자동차 시동을 건다. 나의 애마(愛馬), 감사해 그리고 고마워!
즐거운 마음으로 일터로 향한다. 감사해 그리고 고마워!
반갑게 인사하는 직원들을 본다. 감사해 그리고 고마워!
모닝커피를 마신다. 오늘따라 따끈하다. 감사해 그리고 고마워!
업무가 시작된다. 고객이 있어 좋다. 감사해 그리고 고마워!

함께 하는 점심, 모두의 표정들이 밝다. 감사해 그리고 고마워!
날씨는 덥지만 일이 있어 행복하다. 감사해 그리고 고마워!
금세 업무를 정리할 시간, 하루가 짧다. 감사해 그리고 고마워!
걱정 근심을 내려놓고 행복한 상상, 감사해 그리고 고마워!
퇴근시간 소주 한잔이 생각난다. 감사해 그리고 고마워!
지인들과 어울려 즐거운 만남을 갖는다. 감사해 그리고 고마워!
취기가 오른다. 오늘 따라 달빛이 밝다. 감사해 그리고 고마워!

오늘 하루 나와 함께 했던 인연에 대해, 감사해 그리고 고마워!
집으로 향하며 가족의 정(情)을 느낀다. 감사해 그리고 고마워!
반신욕을 한다. 행복한 하루가 스쳐간다. 감사해 그리고 고마워!
긍정에서 시작하여 긍정으로 끝난 하루, 감사해 그리고 고마워!

그렇게…….
예쁜 하루와 아름다운 이별을 한다. 감사해 그리고 고마워!

행복했던 하루, 그러나 더 행복한 것은 이미 예약된 내일이 있다는 사실이다. 감사해 그리고 고마워!

짧은 하루처럼 보이지만 하루 중 감사한 일, 고마운 일, 그리고 행복한 일투성이구나 하는 생각을 해본다.

뿌리 깊은 나무는
바람에 흔들리지 않는다

⋮

●●
●●

너도 나도 불황, 불황이라는 이야기만 쏟아낸다. 날씨는 더운데 불황이라는 소리를 하도 많이 들어서인지 이제 불황의 '불'자만 들어도 심적으로 위축이 될 때가 더러 있는 것 같다. 그러나 마음만은 불황 그 현실에 발목을 잡히지 않으려고 무던히 애를 쓴다.

나마저도 불황에 편승하여 현실에 대한 푸념만을 하며 한가하게 보낼 일은 아닌 것 같다는 생각이 든다. 아무리 불황이라 하지만 한편으로 생각해보면 조금 위안은 된다. 내 인생에 좋은 날들과 좋은 기억만 쌓아 놓으면 좋겠지만, '오히려 지금처럼 힘들고, 아픈 현실도 내 인생 곁에 함께 있어야 인생이 제 맛 아닌가' 하고…….

그렇게 생각을 하면서도 마음만은 허전하다. 나도 사람인 모양이다. 가뭄 끝에 단비처럼 허전한 내 마음을 위로하는 노래 한 곡이 흘러나온다. 가리온(Garion)의 '뿌리 깊은 나무'라는 노래다. 오늘따라 노래 가사가 내 마음의 친구가 되어 귓속을 파고든다.

"그렇듯 세상은 겉으로 보이는 것이 모든 걸 지배하지는 않아. 그러나 지금 내가 살아가는 세상은 그렇지 않다는 걸 누구든지 알고 있다. 뿌리 깊은 나무, 뿌리 깊은 나무, 뿌리 깊은 나무, 그걸 잡고 있는 우리 모두 내 속에 살아있는 뿌리 깊은 나무."

가뭄이 심하거나 바람이 없는 세상에서는 뿌리 깊은 나무의 소중함을 모른다. 그러나 힘든 때일수록 뿌리 깊은 나무의 존재감은 빛날 수밖에 없다. '내 인생에 뿌리 깊은 나무는 무엇일까?' '힘든 세상에 나 자신을 지켜줄 비장의 무기는 무엇일까?' 아무리 생각해도 뿌리가 없다는 것은 슬픈 일 같다. 내 부모가 안 되면 나라도 나서서 뿌리가 되겠다는 어른스런 생각이 필요할 듯하다.

불황을 이기는 일도, 호황에 앞서가는 일도 '오직 내가 뿌리가 되겠다는 독한 생각, 독한 마음, 독한 행동, 독한 인내가 있을 때 가능하다'는 것을. 불황은 내게 다가와 인생의 팁(Tip) 하나를 주고 가는 듯하다.

얄팍한 인간의 두 마음

∷

학교다닐 때는 부모님 잔소리와 공부, 공부 강요하는 선생님이 싫어서 입이 댓발은 나왔지……. 군대 있을 때는 하루라도 빨리 제대하고 싶어서 안달복달. 국방부 시계는 왜 이리 늦냐며 투정대기 바빴지…….

취업하면 모든 일이 다 술술 풀릴 것처럼 보였는데 막상 들어가 보니 잡일, 허드렛일에 왕짜증이 돋았고……. 사업하면 사장이라 폼 재며 잘 살 줄 알았지만, 현실은 두 배, 세 배 더 일을 해야 하는 아픔의 연속이었지…….

그러나 세월이 흐르고 보니 한 자라도 더 배우고, 왜 공부를 더하지 못했을까 후회가 된다.
지긋지긋 했던 군대 시절의 추억이 그립고, 신입사원 시절 '왜 그때 더 큰 꿈을 꾸지 못했을까' 하는 아쉬움만 진하게 남는다.

간사한 인간의 마음이다. 무엇 하나 내 마음대로 쉽게 되지 않는 세상……. 그렇지만 간사한 마음속 확실한 것 하나는 바로 배웠다. 그것은, 현실은 언제나 팍팍하다는 것. 현실은 언제나 아프고, 힘들고, 불평불만의 연속이지만 지나고 나면 그 시절이 아쉽고 고맙게 느껴진다는 것.

고통 속에 그날이 내일까지 이어진다면 인생이 불행하겠지. 그러나 지나고 나면 '그때가 봄날이었지……' 하고 위로하는 세상이고 보면 지금의 팍팍한 현실도 세월 지나면 아름답게 보이려니 뒤돌아 후회 말고 훠어이~~ 훠어이~~ 최선을 다해야겠지…….

내 인생 봄날은 오늘이려니 오늘을 멋있게, 폼 나게 만끽하는 멋쟁이가 되는 게 상책 중에 상책이라는 생각이 든다.

꿈을 부추겨라

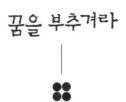

〈네이버〉 지식사전을 보면 '부추기다'의 뜻은 '남을 이리저리 들쑤셔서 어떤 일을 하게 만들다', '감정이나 상황 따위가 더 심해지도록 영향을 미치다'로 나온다. 나는 중소기업청의 Yes Leaders 강사로 임명되어 청년들의 꿈을 부추기는 멘토 역할을 할 때부터 '부추긴다'는 말을 들으면 나 자신이 설렘이라는 바다를 항해하는 것처럼 심장이 두근거린 적이 있다.

오늘 문득 스포츠신문 기사를 보면서 평소 내가 좋아하는 바르셀로나 호셉 과르디올라(Josep Guardiola) 감독의 '나를 부추겨라'라고 말한 한마디에 또 한 번 멍하니 꽂히고 말았다. 그는 국왕컵 우승 기자회견에서 "나는 기다릴 것이다. 만약 어느 구단이든 나를 부추긴다면 다시 그라운드에 설 것"이라며 의미심장한 말을 남겼다.

존경을 받는 멋진 감독으로 좋아하는 팬들의 곁에 다가가는 일은 행복한 일이다. 다만, 그러기 위해서는 나를 부추겨 달라는 이야기다.

이상적인 사회는 누군가 부추겨주고, 부추김을 받는 사람은 부추김을 통해서 힘을 내고 하는 사회이다. 1%의 사람이 99%의 사람을 부추기고, 앞서 성공한 사람이 성공을 갈망하는 청년들의 꿈을 부추기는 일은 정말 너무나 가치 있는 일이다.

이상적인 사회를 꿈꾸고, 미래의 청년들을 가르치는 사람으로서 많은 반성을 하게 된다. 많이 게을렀고, 사명감에 불타는 의욕이 시들했던 나 자신을 반성해 본다. '남의 꿈을 부추기는 일을 통해서 나 자신의 꿈도 부추겨진다'는 사실을 잠시 잊고 산 것 같다.

남의 꿈을 부추기지 못하는 사람이 행복하다 말할 수 있겠는가?
자못 반성으로 다가가는 시간이다. '좀 더 부지런해져야지……. 좀 더 열정을 가져야지……' 하는 따뜻한 생각이 게을렀던 나 자신을 다시금 동여매는 소중한 시간이다.

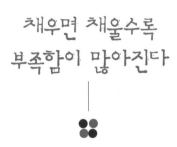

채우면 채울수록
부족함이 많아진다

채워보지 않은 사람은 채움의 중요성을 모른다.
인생은 채우면 채울수록 부족함이 많아진다.

공부 열심히 한 사람만이 세상 더 배울 게 많음을 알며, 일을 열심
히 해본 사람만이 할 일이 더 많다는 것을 안다.
돈도 모아 본 사람이 모으는 법이며, 좋은 습관도 쌓아본 사람이
습관의 중요성을 안다.

사랑도 베푼 사람이 더 많은 사랑을 주려고 하고, 봉사도 해본 사
람만이 이웃에게 봉사할 일이 많음을 알며, 웃음과 행복 역시 누려본
사람만이 더 큰 웃음과 행복을 불러들이는 법이다.

악(惡)은 쌓으면 죄(罪)가 되지만, 선(善)은 쌓으면 복(福)이 된다.
그것이 내가 열심히 배우고, 땀을 흘리는 이유다.

고객의 불만족에 변명하지 마라

고객이 불만족하다면 기꺼이 달려가라. 만족하지 않은 것을 애써 설득하려 하지 마라. 더러운 습관이 된다.

클레임을 요청하면 두말없이 달려가라.
설령 잘못된 클레임이라 할지라도 냉큼 달려가라.
우선은 손해 같아도 그것이 기업가가 할 일이다.

이익을 떠나 고객의 만족을 위해 최선을 다하는 자세가 바로 기업가 정신이요. 그것만이 불황에 회사를 살리는 유일한 힘이 된다는 사실을 알아야 한다.

오늘, 안일했던 자신의 처신을 반성하며 '고객서비스 정신'을 뼈에 새겨본다.
교만해지고 느슨했던 마음……. 고객 욕 한마디 듣고 제대로 정신 차린 날이다.

Part 4

짧지만 임팩트 있는
말, 말, 말…

성공을 위한 5가지 팁(Tip)

인간관계? 자동차 여행에서 배운다면 무엇을 배울까?

세월을 돈을 주고 살 수만 있다면 얼마면 될까?

골키퍼도 골을 넣을 생각을 해라.

서비스 물꼬가 막하지 않게 하라.

나의 정성으로 내 인생 굴러간다.

배움에는 정년이 없다

쪽팔릴 때 배워라.

즐기려면 배워라.

열심히 배우지 않고, 열심히 일하지 않고 즐길 일을 찾는다.

그것은 바보나 할 짓이다.

애써 배우지 않고 열심히 일하지 않으려거든 즐길 일을 포기해라.

그것이 현명한 방법이다.

청년의 꿈과 열정은 영혼과 같다

청년이 아름다운 건 그들이 젊어서가 아니라 그들에겐 꿈과 열정이 있기 때문이다.

청년이여!

마음껏 꿈과 열정을 품어라.

청년에게 꿈과 열정은 마치 영혼과 같아서 하루 한시도 자신의 품에서 떼어 놓지 말아야 한다.

영혼(靈魂)에도 무게가 있듯, 꿈과 열정에도 무게가 있음을 알아야 한다.

무게감 있는 묵직한 사람이 되어라.

자고로 세상은 꿈과 열정으로 꽉 찬 사람들에게 성공의 길을 예비해 두었으니…….

시간은 굴려봐야 소중함을 안다

시간은 기생충과 같아서 지금 잡지 않으면 다음에 돌아올 시간마저 잡아먹는 아주 못된 습성을 지니고 있다.

간절한 마음을 가지고 어떤 일에 불광불급(不狂不及)하지 않으면 세상에 이룰 것 하나도 없다.

어둠 속에도 길은 있다

[Darkness]

칠흑 같은 어둠 속에도 반드시 길은 있다. 다만 우리가 보지 못할 뿐……

그것이 우리가 절망 속에서도 희망을 가져야 하는 이유다.

바다는 잠을 자지 않는다

바다는 잠을 자지 않는다.

바다는 잠을 자지 않는다.

바다는 잠을 자지 않는다.

청년들이 새겨들어야 할 말인 것 같다.

희망은 태양빛보다 강렬하다

인생이 어두운 건 해가 져서가 아니라, 마음속에 희망이 사라져서 어두운 것이다.

구름에 가린 해는 먹구름이 지나가면 다시 볼 수 있지만, 마음속의 희망은 본인 스스로 절망이란 구름을 걷어내지 않는 한 평생 그 빛을 보지 못한다.

인생 제 아무리 고달프고, 힘이 들어도 끝내 놓지 말아야 할 것은 희망뿐이라는 것을 잊어선 안 된다.

선은 선으로 흐르고, 악은 악으로 흐른다

선(善)과 악(惡). 선한 강물에는 선한 물이 흐르고, 악한 강물에는 악의 물이 흐른다

선한 마음은 선을 낳고, 악한 마음은 악을 낳는다.

내 인생 선과 악의 갈림길에서 선을 쫓을 것인지 악을 쫓을 것인지, 둘 중 하나를 선택하는 것이 인생이다

스텐을 닮은 내 '꿈과 열정'

철(鐵 ; Iron)은 녹슬어도, 스텐은 녹이 슬지 않는다.

세월이 가도 내 인생의 꿈과 열정은 녹슬지 않는 스테인리스(Stainless)를 닮았으면 좋겠다.

나만 힘든 것이 아니다

내 의지로 태어난 것도 아닌데 하늘을 원망한들 무엇하리, 부모를 원망한들 무엇하리.

뒤돌아 갈 것도 아닌데 이제와 세상을 원망하리, 그 무엇을 원망하리.

에라, 어차피 흙이 될 몸뚱이 세상이 이기나, 내가 이기나 밤새 싸워라도 봐야 후회가 없겠지…….

회색빛 구름과 같은 인생, 어떻게 살아야 하나

하늘이 회색빛이라고 하늘을 원망하지 마라.

하늘이 회색빛 구름이라 할지라도 세상을 회색빛으로 보지 마라.

꿈을 회색빛으로 보면 절망만 보이듯 세상을 회색빛으로 보면 평생 희망을 보지 못한다.

환하게 웃는 인생과 투덜대는 인생은 두 가지 공통점이 있다. 하나는, 내 마음속에 있다는 것이요, 다른 하나는 마치 구름과 같이 잠시 스쳐지나갈 운명이란 것이다.

성급하게 사다리를 놓고 구름을 걷으려는 우(愚)를 범하지 말고 조금 더 노력하려는 큰마음이 청명한 하늘을 먼저 보는 지혜로운 사람임을 알아야 하겠다.

험한 산길에 산삼이 있다

사람이 사는 방식이 여러 가지다. 행동하는 패턴도 여러 가지다.

나는 어떤 모습으로 경쟁력 있게 살아 갈 것인가? 나의 경쟁상대를 어디에 두고 살 것인가에 따라 할 일이 정해진다. 어떤 길로 걸어 갈 것인가에 따라 준비성이 달라진다.

나에게는 돈 주고도 살 수 없는 젊음이란 '빽'이 있으니 이왕지사 남이 가지 않는 험하고 힘든 길을 가자. 그 마음이 젊은이가 가져야 할 마음이다.

되돌려 받으려는 것은 사랑이 아니다

사랑은 아무런 조건 없이 베풀고, 혹시 더 줄 것이 없는지, 더 모자람이 없는지 금방 돌아서서 걱정하는 마음이다.

아낌없이 준 사랑은 추호도 되돌려 받을 생각을 하지 못한다. 나는 그것을 '사랑'이라 말한다.

습관과 성공은 싱크로율 100%이다

성공은 습관의 그림자다. 습관과 성공은 별개가 아니라 한 몸이다. 이들은 언제나 100%의 싱크로율(Synchro率)을 보이기 때문이다. 좋은 습관일수록 밖으로 드러내지 않지만, 안으로는 성공의 보좌관 역할을 충실히 한다. 습관! 참으로 무서운 녀석이다.

남자의 속마음

남자는 언제나 강한 척을 하지만 그 내면을 들여다보면 한없이 약한 것이 남자의 속마음이다.

게으른 말은 채찍 맞을 일도 없다

뛰는 말이 채찍도 맞는다. 게으른 말은 뛰지 않으니 채찍 맞을 일도 없다.

사람도 마찬가지, 게으른 자에게는 진리를 주지 않는 법이니…….

채찍 맞지 않는다고 웃고 있는 말처럼 젊음을 허비하며 웃고 있는 사람이 더러 있다.

대오각성(大悟覺醒) 반성해야 할 일이다.

서비스에는 눈과 귀가 있다

불황을 극복하는 무기는 서비스다.

서비스엔 눈과 귀가 있다.

굳이 말하지 않아도 고객이 보고, 고객이 입 소문을 통하여 듣게 된다. 그것이 말 없는 서비스의 힘(Power)이다.

물에 빠지려면 혼자 빠져라

경제가 어렵고, 기업이 어렵다. 안 그래도 가뜩이나 어려운 판에 같이 죽자고 덤비는 사람이 있더라.

다소 독한 얘기 같지만 물에 빠지려면 혼자 빠져라. 옷 말려 줄 사람도 필요한 법이니…….

수적천석(水滴穿石)의 마음가짐

수적천석(水滴穿石)

水 : 물 수, 滴 : 물방울 적, 穿 : 뚫을 천, 石 : 돌 석

'물방울이 바위를 뚫는다'는 뜻으로, 작은 노력(努力)이라도 끈기 있게 계속(繼續)하면 큰일을 이룰 수 있음

누구나 전문가를 꿈꾼다

누구나 전문가를 꿈꾼다. 그러나 손에 괭이가 배기도록, 발이 기형이 되도록 노력하는 데에는 참으로 인색하기 그지없다.

전문가를 꿈꾼다면, 세계 최고가 되기를 원한다면 최소한 10년은 그 분야의 종이냄새 안 맡고 기름 냄새 맡지 아니 하고서는 전문가를 꿈꿔서는 아니 된다.

작심십년(作心十年), 인고(忍苦) 10년은 전문가가 되기 위한 최소한의 기간이다. 우리는 그것에 감사해야 한다.

누구나 성공하기를 원한다

99%의 사람들은 성공한 사람들을 부러워하고, 그 사람은 운(運)이 좋거나 특별한 환경을 가진 사람들로 여기지만, 그러나 1%의 사람들은 성공한 사람을 부러워하기보다는 그 이면에 감추어진 노력을 보고 자신을 더 혹독하게 내모는 사람들이다.

막연한 동경보다 1%의 실행력을 갖춘 사람들……. 우리는 그 사람을 이 시대의 리더이자 성공 예비생이라 부른다. 어떤 분야에 전문가가 되려고 노력하는 사람은 한 번쯤 새겨들어야 할 말인 것 같다.

성공의 씨앗은 참 더러운 씨앗이다

성공의 씨앗은 참 더러운 씨앗이다. 쉽게 발아되지 않으니까…….

아닌 놈이 성공하면 자칫 이 사회가 비(非) 이성적으로 흐를까봐 쉽게 발아되지 않고 더디게 발아되도록 만들어 놓았다. 우리는 그것에 감사해야 한다.

부러우면 지는 거다

나는 작은데 내 옆에 있는 놈은 크다. 크다고 부러워 마라. 부러우면 지는 거다.

옆에 있는 놈 흘겨보고 작다고 기죽지 마라. 기죽는 순간, 네 인생은 초라해진다.

때가 되면 너도 큰다. 그 믿음을 갖는 것, 그것이 오늘 네가 할 일이다.

아침에 일어나면 감사해야 할 말

기회를 주셔서 감사합니다.

Thank you for the Opportunity.

내가 도전할 기회…….

내가 배울 수 있는 기회…….

내가 일할 수 있는 기회…….

내가 사랑할 수 있는 기회…….

내가 즐길 수 있는 기회…….

내가 웃을 수 있는 기회…….

내가 봉사할 수 있는 기회를 주셔서 감사합니다.

아침에 일어나면 감사해야 할 기도(祈禱)이다.

기다림도 사랑이다

100년 만에 피는 꽃이 있고, 60년 만에 피는 꽃이 있다.

사람도 마찬가지 80평생 언젠가 한 번은 꽃이 핀다.

'기다림도 사랑이다.' 사랑은 조급함을 갖지 않고, 상대방의 입장을 이해하고 기다리는 것. 아프지만 그것이 사랑이다.

슬픔과 좌절은 5촉짜리 전구다

성공은 30촉짜리 전구요, 행복은 60촉짜리 전구라면 꿈을 향한 도전은 100촉짜리 전구다.

그것이 도전이 아름다운 이유다.

내 인생은 몇 촉짜리 인생인가? 5촉짜리 인생으로 슬픔과 좌절 속에 묻혀 인생을 어둠침침하게 살 것인가, 아니면 30촉, 60촉……. 아니 100촉짜리 인생이 되어 나뿐만 아니라 주변까지 밝히는 멋진 인생이 될 것인가. 스스로 결정할 문제이다.

하루 몇 번의 감사함을 느끼느냐의 차이

당신은 하루의 일상 중 몇 번의 감사함을 느끼며 살아가십니까?

내 마음의 잣대는 하루 1번을 느끼면 실패한 사람, 하루 10번을 느끼면 보통 사람, 하루 100번을 느끼면 그 사람은 '난 사람', 즉 성공한 사람이라고 생각됩니다.

두 마음이 공존하는 사회

주려는 마음과 받지 않으려는 마음

주려는 마음과 받지 않으려는 마음

주려는 마음과 받지 않으려는 마음

이 두마음이 어우러지는 사회가 된다면 이 사회가 좀 더 따뜻해지지 않을까?

제자에게 보내는 글

인생은 누가 더 많이 인고(忍苦)의 세월을 보냈느냐의 싸움입니다.

인고적금(?)보다 이자 더 많이 붙는 적금, 이제껏 보지 못했습니다.

젊은 날 인고적금 많이 불입하십시오. 내 나이가 되면 무지 뿌듯할 것입니다.

돈 주고 살 수 없는 것

젊음이 좋다는 것은 자신이 본 대로 길이 되고, 자신이 느낀 대로 목표가 된다는 것이지요.

돈 주고 살 수 없는 것, 그것은 바로 '젊음'입니다.

젊음이라는 소중한 자산, 젊음이라는 큰 가치를 가진 청년이 마냥 부러운 이유입니다.

멋있게 살려고 노력하는 이유

남자가 멋지고 폼 나게 살려고 아등바등 대는 것은, 성공하여 돈보다 사람을 얻는 매력이 있기 때문이다.

Fear, 세상에 걸리지 말아야 할 병(病)

세상에 걸리지 말아야 할 병은 '두려움(Fear)'이라는 병(病)이다.

두려움이라는 병은 치료약도 없다. 육신의 병은 약으로 치유가 가능하나, 두려움의 병은 영혼까지 병들게 하는 독성 바이러스라는 사실을 알아야 하겠다.

Fearless, 어떠한 경우이든 반드시 잊지 말아야 할 단어이다.

예쁜 마음 하나가 빌딩 한 채보다 낫다

마음과 마음으로 만난다는 것이 얼마나 소중한 것인지……

부부의 만남, 사장과 직원의 만남, 좋은 사람과의 만남이 얼마나 소중한 것인지 새삼 느끼며 내가 만난 소중한 인연에 대해서 다시금 감사함을 느낀다.

아무리 생각해도 예쁜 마음 하나가 빌딩 한 채보다 낫다. '마음 + 마음 = ∞'이다.

돈을 벌어서 빌딩을 살 수 있지만, 예쁜 마음과 배려심 깊은 마음은 아무리 돈이 많다 할지라도 돈 주고 살 수 없다는 것이다.

이노베이션의 마음가짐

혁신이란 말 함부로 쓰지 마라. 혁신은 고통을 필요로 하는 법이다. 내 삶에 고통 없이, 고생 안하고 책상머리에 앉아 혁신을 부르짖는다는 것은 참으로 부질없는 짓이다.

긍정의 눈으로 세상을 보아라

부정의 눈으로 세상을 보면 세상은 어둡다. 비록 어두운 세상이라도 긍정의 눈으로 바라보면 빛이 보인다. 그것이 희망이다.

나는 믿는다. 나는 믿는다. 적어도 내가 사는 이 세상만큼은 열심히 일한 몸에게 귀싸대기 때리는 세상은 아니다. 그래도 인정이 있는 세상이다.

동물원의 곰이 아닌 북극곰이 되어라

때가 되면 먹이를 주는 동물원의 곰보다는 비록 먹이가 부족한 가혹한 환경일지라도 그 환경을 사랑하며, 계속 먹이를 찾는 일을 해야 하는 북극의 곰이 되련다. 그것이 내가 사는 이유요, 오늘날 우리의 젊은이들이 가져야 할 마음의 스펙(Specification)이다.

받는 인생이 아닌, 주는 인생이 되자

사랑, 행복, 배려……. 받으려 하지 말고 주는 인생이 되자.

돈, 돈, 돈, 돈. 금전에 대한 유혹 받으려 하지 말고 주는 인생이 되자.

굶는 한이 있어도 돈 받지 마라. 도움도 받지 마라. 부정한 것은 악취가 난다. 악취는 썩는 것을 의미한다. 멋있는 내 인생, 악취로 진동해서는 안 된다.

Fail의 조건

- 무단 결석 2회 이상
- 수업 태도 불량
- 과제 및 토론 무성의
- 꿈이 없는 사람
- 열정이 없는 사람

내 인생의 반올림은 무엇일까?

• 내 인생을 책임질 기술은 무엇이며, 나는 그 기술을 가지고 있는가?

• 내 인생을 한 단계 끌어올릴 리더십은 있는지? 또한 그 리더십을 제대로 행사하고 있는지?

구름 위에 태양 있다

구름이 태양을 가린다고 슬퍼하지 마라. 머지않아 태양은 웃으며 너를 반길 테니.

가버린 기회라고 절망하지 마라. 기회란 어머니 마음처럼 또 다시 너를 찾을 테니.

구름 위에 태양 있듯 리미티드(Limited), 즉 한계(限界)를 뛰어 넘을 때 성공이 보이는 법이다.

내 인생은 언제나 원 아웃에 만루

보석 같은 하루! 언제나 하루 일을 나설 때 '오늘도 내 인생은 원 아웃에 만루다'라는 기분으로 나선다.

'원 아웃에 만루'는 언제나 설렌다. 많이 앞서 갈 수도 있고, 지는 게임 역전도 가능하다. 루상의 주자를 모두 불러들일 수 있는 절호의 기회, 황금 같은 찬스를 그대로 버릴 수 없다.

일 년 365일, 내 발걸음은 항상 원 아웃에 만루 같은 그런 마음이다. 그러니 어찌 설레지 않겠는가. 마운드를 노려보며 방망이를 굳게 부여잡듯 '오늘 하루도 예의를 다해야지' 하는 마음뿐이다. 거침없이 돌아가는 방망이, 따~~악!! WOW~~~. Bravo, My Life! 벌써 경쾌한 타구 음이 내 귀에 들린다.

새겨본다.